初中数学“教—学—评”一致性从研究到实践

赵钦良◎著

海峡出版发行集团
THE STRAITS PUBLISHING & DISTRIBUTING GROUP
福建人民出版社

图书在版编目（CIP）数据

初中数学“教—学—评”一致性 ：从研究到实践 / 赵钦良著．--福州 ：福建人民出版社，2025.7.

ISBN 978-7-211-09857-6

Ⅰ．G633.602

中国国家版本馆 CIP 数据核字第 2025TY2663 号

初中数学“教—学—评”一致性：从研究到实践

CHUZHONG SHUXUE “JIAO-XUE-PING” YIZHIXING：CONG YANJIU DAO SHIJIAN

作　　者：赵钦良

责任编辑：李建周

责任校对：李雪莹

出版发行：福建人民出版社　　**电　　话：**0591-87533169（发行部）

网　　址：http：//www.fjpph.com　　**电子邮箱：**jcjfbjs@163.com

地　　址：福州市东水路 76 号　　**邮政编码：**350001

经　　销：福建新华发行（集团）有限责任公司

印　　刷：福州印团网印刷有限公司

地　　址：福州市仓山区建新镇十字亭路 4 号

电　　话：0591-87881810

开　　本：787 毫米×1092 毫米　1/16

印　　张：10

字　　数：206 千字

版　　次：2025 年 7 月第 1 版

印　　次：2025 年 7 月第 1 次印刷

书　　号：ISBN 978-7-211-09857-6

定　　价：39.00 元

序

2019年12月第六届“大数据时代的未来教育”论坛暨数据驱动的学校发展转型与变革研讨会在福州举办，作为本次论坛数学学科首席专家，我观摩学习了赵钦良老师执教的示范课——利用勾股定理解决折叠问题。该示范课教学目标明确，教学过程环环相扣，评价方式多样且及时反馈，实现了教学与评价的有机结合，让每个学生都能在课堂中获得充分的发展与成长。我深刻感受到赵老师能将数学新课程的理念很好地落实到课堂教学实践中，体现了“教—学—评”一致性。

最近我收到赵老师《初中数学“教—学—评”一致性：从研究到实践》一书的书稿，甚为欣慰。他能够长期以来一直注重实践探索与研究，将教育理念转化为课堂教学的行动，并通过不断的积淀，形成教育智慧。

近年来，“教—学—评”一致性理念，方兴未艾。它旨在通过教学目标、教学过程与评价方式的紧密契合、高效协同，实现教育教学质量的全面提升，解决传统教学存在的如下不足：教学、学习与评价往往相互分离，教师侧重于知识的传授，学生专注于知识的接受，评价常常仅被当作教学活动结束后的一种外在检验手段。

赵老师在二十多年的教学实践与理论研究中，对“教—学—评”一致性进行了持续而深入的实践和思考。本书立足教学改革前沿，系统构建了“教—学—评”一致性的理论框架与实践路径，其学术价值与实践意义值得充分肯定。简言之，本书具有如下特点：一是理论溯源扎实。以建构主义、目标导向教学和形成性评价三大理论为基石，系统阐释了相关理论的基本特点、重要观点及其在初中数学教学中的应用，既梳理了理论脉络，又明确了其对初中数学教学的适配性。二是具有国际视野。梳理了国际研究的历史脉络，对美国“基于标准的教育改革”、英国“为了学习的评价”、日本“教—学—评一体化”的典型经验进行深度阐释，既呈现了不同文化背景下的实践模式，也提炼出共性启示，为中国本土化探索提供了借鉴。三是注重概念剖析。不仅剖析了"教—学—评"一致性的理念内涵及特点，而且从"教—学—评"一致性的整体视角以及"教—学""教—评""学—评"内部关系的角度深入剖析"一致性"的特点及具体表征，多角度把握理念本质。四是将理念转化为行动。针对初中数学教学现状、存在的问题及典型案例进行分析，进而阐述"教—学—评"一致性理念的形成背景、主要内容、实践价值，具有时代性。五是实施路径清晰。构建了"困境分析→逻辑前提→设计原则→任务设计→教学策略"的完整闭环，使研究指向初中数学教育教学、扎根课堂，真正服务于立德树人的教育目标，服务于教师自我的专业发展。六是注重AI融合。指出"智能教学系统＋VR＋大数据"的AI技术赋能路径，提出更加注重素养导向、持续改进"教—学—评"一致性等未来研究思路，体现了技术融合创新的倾向。

简言之，本书体现了理论深度与实践智慧相遇、国际视野与本土情怀交融、传统经验与技术革新碰撞等特点，实现了三重突破性超越：其一，突破理论移植的表层化窠臼，建构起具有学科适配性的理论框架；其二，突破国际经验的简单移植，开创本土化实践的新范式；其三，突破传统教研的经验主义桎梏，构建"理论—实践—技术"三位一体的创新模型。本书兼具学术严谨性与实践亲和力，是初中数学教师实现"从理念到行动"转型的实用手册，也能为教育研究者提供本土化理论创新的启示。当然，本书也存在一些需要进一步拓展的空间。例如，书中案例多为经验总结，缺乏量化数据支撑，如技术赋能后学生成绩提升的具体数据，未来可补充实验对照研究以增强说服力；又如，"智能教学系统"等设想需考虑城乡教育资源差异，可进一步提供低技术门槛的实践方案，如纸质任务单与数字工具相结合；等等。我相信也期待，广大基础教育阶段教师能像赵老师一样具有学术追求与实践担当，为我国基础教育高质量发展贡献更多更大的力量。

北京师范大学数学科学学院

目录

前　言

在当今教育改革的浪潮中，初中数学教学作为基础教育的重要组成部分，正面临着前所未有的挑战与机遇。随着教育理念的不断更新和教学方法的持续创新，“教—学—评”一致性作为一种先进的教学理念，正逐渐成为推动初中教育教学改革、提升教师素养、促进学生全面发展的关键力量。本书旨在通过阐述“教—学—评”一致性理念对初中教育教学改革、教师素养提升和学生发展的重要性，探讨初中数学“教—学—评”一致性的实践思考和经验提炼。

首先，“教—学—评”一致性理念对初中教育教学改革的重要性体现在以下方面：一是深化课程教学改革的关键路径。教育强国建设离不开强有力的课程支撑，而课程的有效实施必须体现“教—学—评”一致性。教育部印发的义务教育课程方案和课程标准（2022 年版），明确提出了“教—学—评”一致性的重要路径，为深化基础教育课程改革指明了方向。初中数学作为基础教育中的核心学科，其教学改革更应紧跟时代步伐，将“教—学—评”一致性理念融入教学实践中。这一理念不仅有助于将课程方案层面的育人蓝图转化为课程教学层面的实景图，而且能有效减少课程实施过程中的“落差”问题，确保课程改革目标的顺利实现。二是促进课程要素的协同育人效应。“教—学—评”一致性在课程意义上强调以课程标准为指引，系统推进基于课程标准的教材编写、教学与考试评估，形成教材、教学、考试与评估一致性的“大闭环”。在初中数学教学中，教师需要根据课程标准制订明确的教学目标，设计与之相匹配的教学内容和教学方法，并通过科学的评价方式检验学生的学习成果。这种一致性不仅有助于确保教学活动的系统性和科学性，而且能促进课程要素的协同育人效应，实现学生数学核心素养的全面提升。三是推动课堂教学变革的深入发展。“教—学—评”一致性在课堂意义上强调以从课程标准中转化而来的学习目标为指引，系统推进课堂教学变革层面的教学、学习与评价的一致性，形成“小闭环”。在初中数学教学中，要求教师围绕学习目标精心设计教学活动，采用多样化的教学方法激发学生的学习兴趣和主动性，并通过及时的评价反馈调整教学策略。这种一致性不仅有助于实现所教即所学、所教即所评、所学即所评的教学目标，而且能推动课堂教学变革的深入发展，提高课堂教学的有效性和高效性。

其次，“教—学—评”一致性理念对教师素养提升的重要性体现在以下方面：一是增强教师的课程思维和专业素养。“教—学—评”一致性秉承了专业化的课程思维，在教学目标的引领下，有利于发挥其在课程实施、有效教学、教师发展中的重要作用。在初中数学教学中，教师需要深入理解课程标准的内涵和要求，将课程目标转化为具体的学习目标，并据此设计教学内容和教学方法。这一过程不仅要求教师具备扎实的数学专业素养，而且要求他们具备先进的课程思维和教学理念。通过践行“教—学—评”一致性理念，教师可以不断提升自己的课程思维和专业素养，成为更加优秀的教育工作者。二是提升教师的教学设计能力和评价能力。“教—学—评”一致性要求教师在教学设计时充分考虑教学目标、教学内容、教学方法和评价方式之间的一致性。在初中数学教学中，教师需要精心设计教学流程，确保每个环节都能紧密围绕学习目标展开，并通过科学的评价方式检验学生的学习成果。这一过程不仅锻炼了教师的教学设计能力，而且提升了他们的评价能力。通过不断实践和完善“教—学—评”一致性理念下的教学设计和评价方式，教师可以逐渐形成自己独特的教学风格和评价体系。三是激发教师的专业自主发展动力。“教—学—评”一致性的双重意蕴兼顾了课程专家与学科教师的声音与话语，有利于使教师切实感受到自身的专业自主与课改责任，进而促进教师的专业自主发展。在初中数学教学中，教师需要积极参与课程改革和教学研究活动，不断学习和借鉴先进的教学理念和方法。通过践行“教—学—评”一致性理念，教师可以更加清晰地认识到自己在课程改革中的重要作用和价值，从而激发自己的专业自主发展动力，不断提升自己的教育教学水平。

最后，“教—学—评”一致性理念对学生发展的重要性体现在以下方面：一是明确学习方向和目标。“教—学—评”一致性强调教学目标、教学内容、教学方法和评价方式之间的一致性，有助于帮助学生明确学习方向和目标。在初中数学教学中，学生可以通过教师制订明确的学习目标了解自己需要掌握的知识点和技能点，从而更加有针对性地开展学习活动。这种明确的学习方向和目标不仅有助于提高学生的学习效率和质量，而且能培养他们的自主学习能力和终身学习的意识。二是激发学习兴趣和动力。“教—学—评”一致性要求教师在教学活动中采用多样化的教学方法激发学生的学习兴趣和主动性。在初中数学教学中，教师可以通过设计有趣的数学游戏、开展数学实验活动等方式吸引学生的注意力，并激发他们的学习兴趣。同时，通过及时的评价反馈和积极的鼓励表扬，教师可以进一步激发学生的学习动力，并增强他们的自信心。这种积极的学习氛围不仅有助于提高学生的数学成绩和素养水平，还能培养他们的创新思维和实践能力。三是促进全面发展和综合素质提升。“教—学—评”一致性强调教学目标不仅要关注学生的知识掌握情况，而且要关注他们的情感态度和价值观发展。在初中数学教学中，教师可以通过设计具有挑战性的学习任务和开放性的数学问题来培养学生的探究精神和合作意识；通过组织数学文化活动和数学竞赛等方式来拓展学生的视野，增长他们的见识。这种全面的教学目标不仅有助于促进学生的全面发展，而且能提升他们的综合素质水平，为未来的学习和生活奠定坚实的基础。

本书旨在深入剖析“教—学—评”一致性理念在初中数学教学中的应用与实践，为初中数学教学提供一种新的视角和思考方式，推动教育教学质量的全面提升。本书通过系统梳理和分析国内外相关研究成果和实践案例，全面阐述“教—学—评”一致性理念对初中教育教学改革、教师素养提升和学生发展的重要性，并提出具有针对性和可操作性的教学策略和评价方法。本书有助于教师更新教育理念和改进教学方法，进而促进学生的全面发展和综合素质提升。同时，本书的研究成果还可以为其他学科的教学改革提供有益的参考和借鉴，为推动我国基础教育事业的持续健康发展贡献智慧和力量。

第1章 “教—学—评”一致性的理论探源

“教—学—评”一致性作为教育领域中的一个核心理念，与多种教育理论和研究成果密切相关，其中最为显著的是建构主义学习理论、目标导向教学理论以及形成性评价理论。随着教育理念的不断更新和教学方法的持续创新，“教—学—评”一致性作为一种先进的教学理念，在推动初中数学教学改革、提升教学质量中起着关键作用。本章将深入探讨“教—学—评”一致性的理论基础，旨在为后续章节提供坚实的理论支撑，并引导读者全面理解这一理念在初中数学教学中的应用与实践。

理论基础是任何学科研究和实践活动的重要基石。对“教—学—评”一致性而言，其理论基础不仅关乎理念的来源与依据，更直接影响到理念在实践中的有效性和可操作性。深入剖析“教—学—评”一致性的理论基础，有助于我们更加清晰地认识其内涵、外延及其在初中数学教学中的应用价值。首先，理论基础为“教—学—评”一致性提供了科学的依据和支撑。通过梳理和分析相关教育理论和研究成果，我们可以更加深入地理解“教—学—评”一致性的本质和特征，明确其在教育教学中的作用和意义。这有助于我们在教学实践中更加准确地把握理念的核心要义，避免盲目跟风和形式主义。其次，理论基础有助于指导“教—学—评”一致性在初中数学教学中的实践应用。理论不是空洞的口号或抽象的概念，而是具有实践指导意义的知识体系。通过深入研究“教—学—评”一致性的理论基础，我们可以更加系统地掌握其在教学设计、课堂实施、教学评价等环节中的具体应用方法和策略，为提升初中数学教学质量提供有力的支持。最后，理论基础是推动“教—学—评”一致性持续发展的重要动力。随着教育改革的不断深入和教学实践的不断丰富，我们需要不断反思和完善“教—学—评”一致性的理念和方法。而理论基础正是我们进行反思和完善的重要依据和出发点。通过不断梳理和分析相关教育理论和研究成果，我们可以及时发现和纠正理念中的不足和偏差，推动“教—学—评”一致性在初中数学教学中的不断完善和发展。

在理论探源的过程中，我们应重点关注以下几个方面：一是“教—学—评”一致性与哪些教育理论和研究成果密切相关？二是这些教育理论和研究成果如何为“教—学—评”一致性提供理论支撑和指导？三是它们如何影响和指导“教—学—评”一致性在初中数学教学中的具体应用和实践？通过深入剖析这些问题，我们可以更加清晰地认识“教—学—评”一致性的理论基础和来源，为后续章节提供理论上的支撑。

第1节 建构主义学习理论与"教—学—评"一致性

随着教育改革的不断深入，建构主义学习理论在教学中的应用日益广泛。该理论强调学习者在知识建构过程中的主体性和主动性，认为学习是学习者通过与环境的互动，主动建构知识的过程。这一理念为"教—学—评"一致性提供了重要的理论基础。在初中数学教学中，建构主义学习理论与"教—学—评"一致性的结合，不仅能够提升学生的学习兴趣、思维能力和数学素养，而且能够促进教学质量的全面提升，最终促进学生全面而健康的发展，让学生成为数学素养厚实和人格健全的社会主义建设者和接班人。本节将通过具体案例，深度阐述建构主义学习理论与"教—学—评"一致性之间的联系。

一、建构主义学习理论的基本特点

建构主义学习理论起源于瑞士发展心理学家皮亚杰的认知发展理论，并在20世纪80—90年代信息技术的冲击和对创造性人才的需求下逐步被人们重视。建构主义学习理论核心思想颠覆了传统教学中教师作为知识传递者的角色，转而强调学生作为学习主体的主动性、创造性和情境性。我们将结合初中数学教学的具体内容，深度阐述建构主义学习理论的基本特点。

（一）建构主义强调知识的主观建构性

建构主义学习理论明确指出，尽管世界是客观存在的，但每个人对世界的理解以及赋予的意义却是主观的且独一无二的。这一理论观点在初中数学教学领域具有极为关键的指导价值。在传统教学模式中，通常是教师直接讲授知识，学生处于被动接受知识的状态。然而，从建构主义的视角出发，教师的角色应转变为引导者，积极鼓励学生通过观察、操作以及比较等实践活动，自主探索知识。以"三角形"的教学为例，教师可以先让学生观察多种不同形状的三角形，随后引导他们借助直尺和量角器对三角形的边长和角度进行测量，通过对比所测得的数据，学生能够自主发现"三角形内角和为180°"这一重要性质。如图所示，在这些三角形图形中，有些三角形的"底边"是水平的，有些三角形的"底边"并非处于水平状态，这样的设计能够有效防止学生形成思维定式或图象定式，即避免

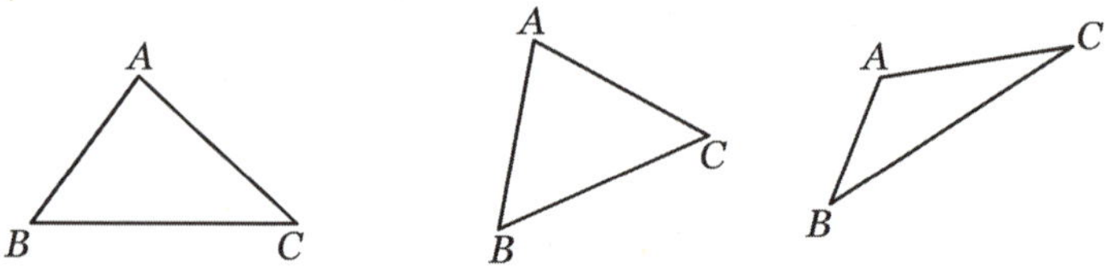

学生产生三角形必须有一边是水平的这种刻板认知。

这种基于建构主义的教学方式，充分尊重了学生的个体差异，允许学生依据自身的经验和认知框架去主动建构数学知识，有力地促进了学生个性化知识体系的构建，有助于学生建立起关于三角形概念的丰富且多元的表象。建构主义在初中数学教学中的有效应用，不仅显著提升了学生的学习兴趣和学习积极性，而且在培养学生的探究精神以及创新能力方面发挥了重要作用。

（二）建构主义强调学习的主动探索性

建构主义学习理论强调，学习并非被动地接收信息，而是学生主动建构知识意义的过程。建构主义视角下，教师不再单纯地讲授方程、不等式等数学知识，而是设计具有探究性的学习任务，如通过解决实际问题来引导学生学习。例如，在讲解“一元一次方程应用题”时，教师可以设计一个关于购物折扣的实际问题，让学生自己去设立方程、求解，并解释解的实际意义。这样的任务促使学生主动探索，在解决问题的过程中，不仅掌握了方程的使用方法，而且学会了如何将数学知识应用于实际情境中。对学生学习的评价也不再是单一的分数评判，而是关注学生在探究过程中的表现，如他们的思维活跃度、问题解决策略的创新性等。这种评价方式促进了学生主动探索的学习态度，培养了他们的问题解决能力和创新思维。教学、学习、评价三者相互促进，共同构成了建构主义理念下的初中数学教学体系。

（三）建构主义强调学习的情境性

建构主义学习理论指出，知识并非孤立存在，而是在特定的情境中被建构起来的。教师不再局限于教室和课本，而是积极创设贴近学生生活实际的教学情境。例如，在讲解“解直角三角形及其应用”时，教师可以组织学生进行“测量旗杆”“测量河宽”等活动，让学生在实际操作中学习如何运用解三角形的知识解决实际问题。这样的情境式教学不仅增强了知识的实用性和趣味性，而且极大地激发了学生的学习兴趣和探索欲望。

同时，评价也不再局限于纸笔测试，而是关注学生在实际情境中的表现和应用能力。教师观察学生在测量、计算过程中的思维方式和解决问题的能力，给予及时的反馈和指导。教学、学习、评价三者在这样的情境式教学中紧密相连，共同促进了学生知识的建构和能力的提升，展现了建构主义学习理论在初中数学教学中的独特魅力。

建构主义学习理论强调知识的主观建构性、学习的主动探索性和情境性，这些特点共同构成了建构主义学习理论的核心框架，为初中数学教学提供了新的视角和方法。

二、建构主义学习理论的重要观点

建构主义学习理论作为一种重要的教育理论，对现代教育教学产生了深远的影响。它强调学习者在知识建构过程中的主体性和主动性，为“教—学—评”一致性提供了坚实的理论基础。建构主义学习理论包含以下观点：

（一）知识是个人经验的合理化

建构主义学习理论强调，知识并不是对世界绝对真理的陈述，而是个人经验的合理化。这意味着，每个人根据自己的经历、背景和理解，对同一事物可能会产生不同的解释和认知。学习者通过新旧知识经验的相互作用，不断调整和修正自己的认知。这一过程是动态的、持续的，它要求学习者在面对新知识时，不仅要接受它，更要将其与自身的经验相融合，形成新的理解。这种对知识的理解方式，对初中数学教学有着重要的启示。例如，在学习“二次函数”时，学生不仅需要掌握函数的定义、图象和性质等基础知识，还需要将这些知识与自己之前学习的二次三项式因式分解、一元二次方程等知识相联系，通过对比、分析和综合，形成对二次函数更全面、更深入的理解，为高中学习其他初等函数积累经验。

（二）学习过程包含双重建构

建构主义学习理论强调，学习过程包含两方面的建构：一方面是对新信息意义的建构，另一方面是对原有经验的改造和重组。学习者总是以其自身的经验为背景，对外部信息进行主动的选择、加工和处理，从而获得自己对新信息的理解。在初中数学教学中，教师不仅要传授新知识，更要引导学生将新知识与原有知识相联系，通过探究、讨论和实践等方式，促进学生对新知识的理解和内化。例如，在“三角形内角和定理”的教学中，教师可以先让学生回顾之前学习的三角形的基本性质，然后引导学生通过实验、推理等方式，自主发现“三角形内角和为180°”的规律，从而加深对定理的理解和记忆。

（三）学生是主动建构者

在建构主义学习理论中，学生被视作意义建构的主动建构者，这要求他们在复杂且真实的情境里完成任务，同时承担起更多的学习管理职责，并逐步发展自我控制学习的能力。在此视角下，学生不再是知识的被动接受者，而是转变为知识的主动探索者、发现者和建构者。在初中数学教学中，教师可以通过策划富有挑战性的学习任务、提供多样的学习资源以及营造支持性的学习氛围，来激发学生的求知欲和学习自主性。以“圆的有关性质”的教学为例，教师可以精心设计一系列和圆紧密相关的实际问题，比如将锅盖抽象成圆，运用两根筷子来制作圆心角等，促使学生在解决实际问题的过程中，主动地探索圆具有的对称性以及旋转不变性等特点。

（四）情境式教学与合作学习的重要性

建构主义学习理论强调，教学要增进学生之间的合作，把学习者原有的知识经验作为新知识的生长点，提倡情境式教学，使学习在与现实情境相类似的情境中发生。这种教学方式不仅有助于学生更好地理解和运用知识，而且能培养他们的合作精神和社交能力。在初中数学教学中，教师可以通过组织小组合作学习、开展项目式学习等方式，促进学生的合作与交流。例如，在“数据的收集、整理与描述”的教学中，教师可以让学生分组进行社会调查，收集相关数据，然后共同分析、整理并撰写调查报告。在这个过程中，学生不仅能够学习到数据的收集、整理和分析方法，而且能培养团队合作和沟通能力。

三、建构主义学习理论在初中数学教学中的应用

建构主义学习理论作为一种先进的教育理念，其核心在于强调学习者的主动性、情境式和社会性，认为知识并非简单地由教师传授给学生，而是学生在一定的情境下通过与他人的互动和经验的积累，主动建构起来的。在初中数学教学中，建构主义学习理论的应用不仅丰富了教学方式，也极大地提升了学生的学习效果和数学核心素养。

（一）明确教学目标，聚焦知识建构与问题解决

建构主义学习理论强调，教学目标不应仅仅局限于知识点的掌握，更应聚焦于培养学生的知识建构能力和问题解决能力。例如在“三角形”的教学中，这一目标得到了充分体现。教师不仅要让学生掌握三角形的基本概念，如三角形的定义、分类等，更要引导学生通过探究三角形的性质，如三角形的稳定性、内角和定理等，主动建构起对三角形全面、深入的理解。这种教学目标的设定，鼓励学生主动思考、积极探索，从而培养他们的数学思维和问题解决能力。

（二）设计教学内容和方法，鼓励主动探索与合作学习

建构主义学习理论强调以学生为中心，鼓励主动探索与合作学习。在“一次函数课题学习　选择方案”的教学中，这一理念得到了充分体现。教师精心挑选生活中的实例，如出租车分段计费、宽带网收费方式、阶梯水费分段计费等问题，将这些贴近学生生活的素材融入课堂，瞬间点燃了学生的学习热情。在教学中，教师不再直接给

出答案，而是引导学生分析问题，鼓励他们尝试建立数学模型。为了增强学生的合作意识和沟通能力，教师采取了小组合作的学习方式。学生在小组内讨论、交流，共同解决问题。这种教学方式不仅锻炼了学生的数学建模能力，而且让他们在合作中学会了倾听、表达和协作。评价环节也紧跟教学步伐，注重评价学生在探索过程中的表现和合作中的贡献，形成了教学、学习、评价相互促进的良好循环。

（三）创设教学情境，促进知识在真实情境中的建构

建构主义学习理论提倡情境式教学，认为知识是在特定的情境下建构起来的。在初中数学教学中，教师积极创设与现实生活紧密相关的教学情境，如通过模拟购物活动，让学生在实际操作中学习和运用货币计算、百分比等数学知识；或者通过户外测量活动，让学生亲手操作测量工具，理解和掌握长度、面积等几何概念。这些教学情境的创设，不仅使数学知识变得更加生动、有趣，也让学生在真实的情境中体验到了数学的实用性和魅力。

在建构主义学习理论的指导下，初中数学教学不再是单纯的知识传授过程，而是学生主动建构知识、解决问题的过程。教师明确教学目标、设计丰富多样的教学内容和方法、创设贴近生活的教学情境，极大地激发学生的学习兴趣和积极性，培养学生的数学思维、问题解决能力和团队协作能力，为他们的全面发展奠定了坚实的基础。

四、建构主义学习理论与"教—学—评"一致性的联系

在初中数学教学中，建构主义学习理论与"教—学—评"一致性之间存在着密切的联系。具体来说，这种联系体现在以下几个方面。

（一）教学目标的一致性

建构主义学习理论强调教学目标应聚焦于培养学生的知识建构能力和问题解决能力，而"教—学—评"一致性则要求教学目标、内容、方法和评价之间的相互衔接。在初中数学教学中，教师可以通过设定明确的教学目标，如掌握一元一次方程的应用方法、培养学生的数学建模能力等，来确保"教—学—评"一致性。例如，在"一元一次方程的应用"的教学中，教师可以设定以下教学目标。①知识与技能：掌握一元一次方程的应用方法，能够解决简单的实际问题。②数学能力：关注学生的转化与化归、特殊与一般思想的掌握情况，培养学生的数学建模能力、问题解决能力和逻辑思维能力。③情感态度：激发学生对数学学习的兴趣，树立学生自信，培养学生良好的学习习惯。④核心素养：培养学生的数学运算、数学抽象、模型观念和应用意识等核心素养。在教学过程中，教师可以通过提问、讨论、小组合作等方式，引导学生主动

探索和运用一元一次方程解决实际问题，并在评价环节关注学生的问题解决过程和思维发展，以确保“教—学—评”一致性。

（二）教学内容和方法的互动性

建构主义学习理论强调教学内容和方法应鼓励学生的主动探索和合作学习，而“教—学—评”一致性则要求教学内容、方法和评价之间的相互衔接。在初中数学教学中，教师可以通过设计互动性强的教学内容和方法，如情境模拟、合作学习等，促进学生的知识建构和能力提升，并在评价环节关注学生的互动过程和合作表现，以确保“教—学—评”一致性。例如，在“几何图形初步”的教学中，教师可以设计以下教学活动。①导入环节：通过展示各种平面图形的图片或实物，引导学生观察、比较和分类，激发学生的学习兴趣。②探究环节：引导学生通过测量、计算等方式，探究平面图形的性质和关系，如三角形的内角和、四边形的内角和等。③合作环节：将学生分成小组，让他们合作完成一些与平面图形相关的任务，如设计图案、制作模型等。④评价环节：通过观察、提问、讨论等方式，评价学生在探究和合作过程中的表现，关注他们的知识建构过程和思维发展。

（三）评价过程的全面性

建构主义学习理论强调评价应关注学生的学习过程和思维发展，而非仅仅关注最终的学习成果，而“教—学—评”一致性则要求评价过程与教学过程的相互衔接。在初中数学教学中，教师可以通过设计全面性的评价过程，如过程性评价、表现性评价等，来确保“教—学—评”一致性。例如，在“二元一次方程”的教学中，教师可以设计以下评价过程。①过程性评价：通过观察学生在课堂上的表现，如提问、讨论、小组合作等，评价他们的学习态度和思维过程。②表现性评价：通过让学生完成一些与二元一次方程相关的任务，如解决实际问题、设计数学模型等，评价他们的知识应用能力和问题解决能力。③总结性评价：通过期末考试或单元巩固练习等方式，评价学生对二元一次方程知识的掌握程度和应用能力。在整个评价过程中，教师可以关注学生的学习过程和思维发展，及时反馈和指导学生的学习，以确保“教—学—评”一致性。

建构主义学习理论与“教—学—评”一致性在初中数学教学中存在着密切的联系。建构主义学习理论强调学习者在知识建构过程中的主体性和主动性，为“教—学—评”一致性提供了重要的理论基础。在初中数学教学中，教师可以通过明确教学目标、设计互动性强的教学内容和方法、设计全面性的评价过程等方式，实现“教—学—评”一致性。这种教学方式不仅能够提升学生的学习兴趣和思维能力，而且能促进教学质量的全面提升。因此，在今后的教学中，教师应该更加注重建构主义学习理论与“教—学—评”一致性的结合，以推动教育改革的深入发展。

第2节 目标导向教学理论与“教—学—评”一致性

随着教育理念的不断更新与深化，目标导向教学理论在教学领域中的地位日益凸显。该理论明确指出，教学目标是教学活动的灵魂和核心，它不仅是教学活动的出发点，也是最终的归宿。目标导向教学理论强调，教学目标应具有明确性、具体性和可衡量性，这为“教—学—评”一致性提供了清晰的方向和坚实的指导。在初中数学教学中，目标导向教学理论与“教—学—评”一致性的深度融合，不仅能够引领教学活动有序进行，而且能显著提升教师的教学质量和学生的学习成效。本节将深入探讨目标导向教学理论的基本观点，并结合具体案例，阐述其与“教—学—评”一致性在初中数学教学中的紧密联系。

一、目标导向教学理论的基本特点

在初中数学教学实践中，目标导向教学理论以其明确性、系统性和高效性，成了提升教学质量、促进学生数学素养全面发展的重要教学理论之一。以下将结合初中数学教学实践，详细阐述目标导向教学理论的主要特点。

（一）目标明确，导向清晰

目标导向教学理论强调，明确的学习目标是教学成功的关键。例如，在“一次函数”的教学中，教师根据课程标准和学生的学习实际，精心设定了教学目标：“学生能够理解一次函数的概念，掌握一次函数的图象特征，并能运用一次函数解决实际问题。”这一目标既具体又可衡量，为学生的学习提供了清晰的方向。在教学过程中，教师围绕这一目标展开讲解，通过实例演示、逐步引导，帮助学生逐步掌握一次函数的核心知识。学生学习时有了明确的目标指引，学习效果显著提升。评价环节也紧密围绕教学目标展开，通过课堂练习、课后作业和测试等方式，检验学生是否达到了预定目标。这种教学、学习、评价三者协同作用的教学模式，不仅提高了教学效率，也确保了学生学习成果的有效落实，为初中数学教学的持续改进提供了有力支撑。

（二）系统规划，分步实施

目标导向教学理论注重教学的系统性和规划性。在初中数学教学中，教师需要围绕既定的教学目标，设计出一系列的教学活动，这些活动应循序渐进、逐步深入，帮助学生逐步达成学习目标。例如，在“二次函数”的教学中，教师围绕既定的教学目标，精心设计了一系列循序渐进的教学活动。教学之初，教师通过生动的实例引入二次函数的概念，激发学生的学习兴趣和好奇心。随后，教师引导学生逐步探究二次函数的图象特征，通过画图、观察、讨论等环节，让学生深入理解二次函数的性质。最后，教师布置了一系列练习题和实际问题，让学生在实践中巩固所学知识，提升解题能力。在这一过程中，评价贯穿始终。教师通过课堂观察、作业批改、小测验等方式，及时了解学生的学习情况，为下一步的教学调整提供依据。教学、学习、评价三者有机融合，形成了一个完整的教学循环。这种系统规划、分步实施的教学方式，有助于学生形成完整的知识体系，提升数学综合素养。

（三）学生主体，教师主导

目标导向教学理论强调学生的主体地位和教师的主导作用。在初中数学教学中，教师应充分尊重学生的学习主体地位，鼓励学生积极参与教学活动，主动探究数学知识。同时，教师也应发挥主导作用，为学生提供必要的指导和支持。例如，在“几何证明”的教学中，教师充分尊重学生的学习主体地位，鼓励学生大胆尝试独立证明几何定理。学生在探索过程中，主动思考、积极动手，体验知识的发现与建构；教师并未置身事外，而是发挥着主导作用，密切关注学生的证明过程，针对学生遇到的难题和困惑，及时给予点拨和讲解，引导学生走出误区，找到正确的证明思路。评价环节也紧密围绕学生主体和教师主导展开。教师通过观察学生的证明过程，评价学生的自主学习能力和思维品质；同时，通过练习反馈，检验教学效果，进一步调整教学策略。教学、学习、评价三者相互依存、相互促进，共同构成了初中数学教学的生动画面。

（四）反馈及时，调整灵活

目标导向教学理论注重教学的反馈和调整。在初中数学教学中，教师需要及时收集学生的学习反馈，了解学生的学习进展和困难，然后根据反馈信息调整教学策略和教学方法。例如，在“概率与统计”的教学中，教师充分利用课堂小测验、作业批改等方式，及时收集学生的学习反馈。通过仔细分析学生的答题情况，教师能够准确把握学生的学习进展，敏锐洞察学生在概率计算、数据统计等知识点上的掌握程度及存在的困难。一旦发现学生在某个知识点上掌握不牢固，教师便迅速做出反应，灵活调整教学策略；或是增加相关练习题量，通过实战演练巩固学生知识；或是再次详细讲解，确保学生真正理解掌握。这种基于反馈的灵活调整机制，使教学更加贴合学生的学习需求，有效提升了教学效果。教学、学习、评价三者在此过程中形成了动态平衡，共同推动初中数学教学质量的持续提升。

（五）注重过程，强调能力

目标导向教学理论不仅关注学生的学习结果，更重视学生的学习过程和能力培养。在初中数学教学中，教师需要注重培养学生的数学思维、问题解决能力和创新能力等。例如，在“数学建模”的教学中，教师不仅要关注学生的学习结果，还要注意引导学生经历完整的数学建模过程。从实际问题的提出，到将其抽象为数学问题，再到运用数学方法求解，最后将结果运用于实际问题，每一个环节都充满了思维的碰撞，使学生的学习能力得到有效锻炼。在这个过程中，学生的数学思维得到了极大的拓展，他们学会了如何将复杂的实际问题简化为可解决的数学问题。通过不断的尝试和探索，学生的问题解决能力和创新能力也得到了显著的提升。评价环节也紧跟这一教学理念，不仅评价学生的建模成果，更注重评价学生在过程中的表现和能力发展。这种注重过程、强调能力的教学方式，促进了学生的全面发展，使教学、学习、评价三者形成了一个相互促进、共同发展的有机整体。

二、目标导向教学理论的主要观点

目标导向教学理论源于对教学活动本质的深刻洞察，它认为教学目标是驱动整个教学过程的核心动力。该理论包含以下核心观点：

（一）教学目标的明确性

目标导向教学理论强调，教学目标必须清晰明确，让教师和学生都能一目了然。明确的教学目标有助于师生双方共同把握教学方向，确保教学活动不偏离主题。例如，在“一次函数”的教学中，教师设定了清晰明确的教学目标：“学生能够理解一次函数的概念，掌握一次函数的图象特征，并能运用一次函数解决实际问题。”这一目标不仅具体可行，而且涵盖了知识理解、技能掌握和应用实践等多个层面，为整个教学过程奠定了坚实的基础。在教学过程中，教师围绕这一目标展开讲解，引导学生逐步深入探究一次函数的奥秘。学生学习时有了明确的方向，更加积极主动地参与到课堂活动中来。评价环节也紧密围绕教学目标展开，通过测试、作业和课堂表现等多种方式，检验学生是否达到了预定目标。教学、学习、评价三者在教学目标的引领下，形成了紧密相连、相互促进的有机整体，共同推动初中数学教学质量的不断提升。

（二）教学目标的具体性

教学目标的具体性是指要能够具体描述学生应达到的学习成果。具体的教学目标有助于教师设计针对性的教学内容和方法，也有助于学生明确自己的学习任务和期望。例如，在“全等三角形的判定”的教学中，教师设定了具体的教学目标：“学生能够熟练掌握全等三角形的五种判定方法，并能准确应用于解决实际问题中。”这一目标具体而详尽，既指出了学生应掌握的知识点，又明确了知识的应用方向。在教学过程中，教师根据这一目标，设计了针对性的教学内容和方法，如通过实例演示、操作实践等方式，帮助学生深入理解并掌握全等三角形的判定方法。学生学习时有了具体的目标指引，更加有的放矢，学习效率显著提高。评价环节也紧密围绕具体的教学目标展开，通过作业、测试和实际操作等方式，检验学生是否真正掌握了全等三角形的判定方法，并能否准确应用。教学、学习、评价三者在教学目标的具体性引领下，形成了高效协同的教学体系。

（三）教学目标的可衡量性

可衡量性是教学目标的又一重要特征。它要求教学目标能够量化或具体化，以便教师和学生能够客观地评估学习成果。例如，在“数据的集中趋势”的教学中，教师设定了可衡量的教学目标：“学生能够设计合理的调查问卷，至少收集 50 份有效数据，并准确计算出数据的平均值、中位数和众数。”这一目标即具体又可量化，为学生提供了清晰的学习方向，也为教师提供了客观的评价标准。在教学过程中，教师引导学生围绕目标展开实践活动，从设计问卷到收集数据，再到数据分析，每一个环节都紧扣目标，确保学生能够在实践中掌握数据处理的技能。评价环节依据教学目标的可衡量性进行，通过检查学生设计的问卷、收集的数据以及计算的结果，客观地评估学生的学习成果。这种基于可衡量目标的评价方式，使教学、学习、评价三者之间形成了紧密的联系，共同推动着数学教学质量的提升，也让学生在学习过程中有了更明确的成就感和方向感。

（四）教学目标与教学过程的紧密联系

目标导向教学理论还强调，教学目标应贯穿于整个教学过程之中，教学内容、方法和评价都应紧密围绕教学目标展开。这要求教师在设计教学活动时，要始终以教学目标为导向，确保每一步骤都服务于教学目标的实现。以“实际问题与一元一次方程”的教学为例，教师在设计这一章节的教学活动时，首先需明确教学目标：让学生掌握一元一次方程的应用方法，学会利用一元一次方程解决实际问题，并培养数学建模与逻辑思维能力。这一目标如同指南针，贯穿于整个教学过程。从导入环节的生活实例引入，到小组合作分析问题、建立数学模型，再到分层次练习题的巩固提升，每一步骤都紧密围绕教学目标展开。

三、目标导向教学理论在初中数学教学中的应用

在初中数学教学中，目标导向教学理论的应用主要体现在以下几个方面。

（一）明确教学目标，引领教学活动

在开展教学活动之前，明确教学目标是至关重要的一步，它为整个教学过程提供了方向标。以“平行线的概念”的教学为例，教师设定了清晰的教学目标：“学生能够理解平行线的概念，掌握其基本性质，并能将其灵活应用于实际问题中。”教师围绕这一目标，精心设计了教学内容和方法。首先，通过生活中的实例，如铁轨、桥梁的支撑结构等，生动地引入平行线的概念，激发学生的学习兴趣。随后，通过探究活动、小组讨论和实践操作，引导学生深入理解平行线的概念的基本性质，并学会如何运用它们解决实际问题。评价环节也紧密围绕教学目标展开，通过测试、作业和实际应用等方式，检验学生是否达到了预定目标。教学、学习、评价三者在教学目标的引领下，相互促进，共同构成了高效的教学体系。

（二）设计针对性教学内容和方法

在明确教学目标的基础上，教师应设计针对性的教学内容和方法。例如，在“二次函数的图象和性质”的教学中，在明确教学目标后，教师精心设计针对性的教学内容和方法，以激活课堂，促进学生的学习。教师设计一系列实验和探究活动，让学生亲手绘制二次函数图象，观察其开口方向、顶点位置等特征，从而直观地理解二次函数的性质。通过小组合作，学生共同探讨二次函数在实际问题中的应用，如抛物线运动轨迹的预测，实现理论与实践的结合。这种针对性的教学内容和方法，不仅使抽象的数学概念变得生动有趣，而且激发了学生的学习兴趣和主动性。学生在参与中思考，在思考中学习，形成了积极的学习氛围。评价环节贯穿其中，通过观察学生的实验过程、探究成果和小组合作表现，全面评估学生对二次函数的图象与性质的理解和应用能力。教学、学习、评价三者相互融合，共同推动了教学质量的提升和学生的学习进步。

（三）实施过程性评价，确保“教—学—评”一致性

在教学过程中，教师应实施过程性评价，及时关注学生的学习进展和思维发展，确保教学活动与教学目标保持一致。例如，在“代数式”的教学中，教师注重实施过程性评价，以确保教学活动始终与教学目标紧密相连。教师通过提问、讨论和小组合作等多种互动方式，实时捕捉学生的学习动态和思维变化。当发现学生对代数式存在

困惑时，教师立即给予个别化指导和帮助，确保每个学生都能跟上教学节奏。教师还设计了与教学目标高度相关的练习题和实践任务。学生在完成这些任务的过程中，不仅巩固了代数式的知识，而且提高了问题解决能力和实际应用能力，为后续学习方程、函数和不等式打下坚实基础。教师根据评价反馈及时调整教学策略，让学生明确学习方向并持续进步，评价环节成为推动教学质量和学生学习成效不断提升的有力杠杆。

四、目标导向教学理论与“教—学—评”一致性的联系

在初中数学教学中，目标导向教学理论与“教—学—评”一致性之间存在着密切的联系。具体来说，这种联系体现在以下几个方面。

（一）教学目标的一致性引领“教—学—评”一致性

目标导向教学理论强调教学目标应贯穿于整个教学过程之中，而“教—学—评”一致性则要求教学目标、内容、方法和评价之间的相互衔接。在初中数学教学中，教师可以通过设定明确、具体、可衡量的教学目标，来引领整个教学过程和评价活动。例如，在“勾股定理”的教学中，教师可以设定以下教学目标。①知识与技能：学生能够了解勾股定理的历史背景，理解勾股定理的定义和证明过程。②数学能力：学生能够运用勾股定理解决实际问题，如测量、建筑等领域的应用。③情感态度：通过实际测量和计算，激发学生对数学学习的兴趣和热情。④核心素养：培养学生的数学运算、数学抽象、逻辑推理、数学建模和直观想象等核心素养。在教学过程中，教师可以通过提问、讨论、小组合作等方式，引导学生主动探索和应用勾股定理解决实际问题，并在评价环节关注学生的问题解决过程和思维发展，确保“教—学—评”一致性。

（二）教学内容和方法的针对性促进“教—学—评”一致性

目标导向教学理论要求教学内容和方法应紧密围绕教学目标展开，而“教—学—评”一致性则要求教学内容、方法和评价之间的相互衔接。在初中数学教学中，教师可以通过设计有针对性的教学内容和方法，来促进学生的知识建构和能力提升，并在评价环节关注学生的知识掌握情况和能力发展，确保“教—学—评”一致性。例如，在“图形的相似”的教学中，教师可以设计一系列与图形相似相关的探究活动，如通过测量、比较等方式，引导学生发现图形相似的性质，并通过小组合作的方式，共同解决与图形相似相关的实际问题。在教学过程中，教师可以通过观察、提问、讨论等方式，及时了解学生的学习进展和思维发展，并给予针对性地指导和帮助。同时，在评价环节，教师可以通过设计一些与图形相似相关的练习题或任务，来评估学生的知识掌握和能力发展情况，确保“教—学—评”一致性。

（三）过程性评价的全面性保障“教—学—评”一致性

目标导向教学理论强调评价应关注学生的学习过程和思维发展，而“教—学—评”一致性则要求评价过程与教学过程的相互衔接。在初中数学教学中，教师可以通过实施全面的过程性评价，来确保“教—学—评”一致性。例如，在“概率初步”的教学中，教师可以通过观察学生在课堂上的表现，来评价学生的学习态度和思维过程；通过让学生完成一些与概率初步相关的任务，如设计实验、收集数据、计算概率等，来评价学生的知识应用能力和问题解决能力；通过期末考试或单元测试等方式，来评价学生对概率初步知识的掌握程度和应用能力。在整个评价过程中，教师可以关注学生的学习过程和思维发展，及时反馈和指导学生的学习，确保“教—学—评”一致性。

综上所述，目标导向教学理论与“教—学—评”一致性在初中数学教学中存在着密切的联系。目标导向教学理论为“教—学—评”一致性提供了明确的方向和指导，而“教—学—评”一致性则进一步确保了教学活动的有效性和针对性。在今后的教学中，教师应更加注重目标导向教学理论与“教—学—评”一致性的结合，推动教育改革的深入发展，提升教学质量和学生的学习成效。

第 3 节　形成性评价理论与“教—学—评”一致性

形成性评价理论强调评价在教学过程中的重要性和作用。它认为评价不仅是对学生学习成果的检验和总结，更是对教师教学效果的反馈和改进。这一理论为“教—学—评”一致性提供了评价方面的理论支撑。在形成性评价视角下，评价应该贯穿于整个教学过程之中，及时给予学生反馈和指导，帮助他们了解自己的优点和不足，并制订相应的学习计划。这种理念在“教—学—评”一致性中得到了充分体现，它要求评价不仅应该与教学目标保持一致，而且应该具有及时性、针对性和反馈性，以促进学生的持续进步和发展。形成性评价理论，作为一种深刻影响教育理念与实践的评价体系，其核心在于强调评价在教学过程中的动态性、持续性和发展性功能。这一理论不仅颠覆了传统评价中“以考代评”的单一模式，更将评价视为促进学生学习和教师教学相长的重要工具。

一、形成性评价理论的基本特点

形成性评价指在教学过程中进行的评价，旨在通过收集、分析和利用学生学习过程中的信息，监测学生的学习进展，发现学生在学习中的问题和困难，并据此调整教学策略，对学生提供个性化的学习支持。这种评价模式强调评价的即时性和过程性，认为评价不应仅仅发生在学习结束后，而应贯穿于整个学习过程之中，成为教学不可或缺的一部分。在形成性评价中，评价的主体是多元化的，既包括教师，也包括学生自我和同伴。通过观察、记录、访谈、测试等多样化的评价方式，可以全面、客观地反映学生的学习状况，为教学提供丰富的反馈信息。形成性评价作为一种以教学过程为核心的评价模式，其核心理念在于通过持续、即时的反馈机制，优化教学策略，促进每个学生的个性化发展。在初中数学这一基础且关键的学科领域中，形成性评价的理论特点得以充分展现，并为教学实践带来了深远的影响。

（一）强调过程性，关注学习旅程的每一步

形成性评价首先强调其过程性，即评价不仅关注学生的考试成绩，更聚焦于学生学习的整个过程。在初中数学教学中，这意味着教师不仅要关注学生的最终解题能力，而且要观察他们在理解数学概念、掌握解题方法、运用数学思维解决实际问题等各个环节的表现。例如，在“一次函数”的教学中，教师可以通过课堂观察，记录学生在理解函数概念、绘制函数图象、解决实际问题等过程中的表现，及时发现学生对函数概念理解不清或图象绘制方法掌握不牢固的问题，及时调整教学节奏，提供额外的辅导材料或练习，确保每位学生都能扎实掌握这一基础知识点。

（二）强调即时性，注重及时反馈，即时调整教学策略

即时性是形成性评价的另一大特色。它要求评价能够迅速反映学生的学习状态，及时给予反馈，帮助学生和教师迅速识别学习中的障碍，调整学习策略或教学方法。例如，在“解二元一次方程组”的教学中，教师可采用即时性评价，确保学生的学习状态能够得到即刻的反映。教师通过随堂小测或快速问答等即时性评价方式，迅速了解学生对消元法、代入法等方程组求解方法的掌握程度。一旦发现学生在解题思路或方法应用上存在困惑或错误，教师应暂停新课的讲授，转而通过小组讨论或个别指导的方式，及时给予学生反馈和帮助。这种即时的反馈和调整，不仅帮助学生澄清了误解，巩固了解题方法，而且使教师能够根据学生的实际情况，灵活调整教学策略，确保教学活动始终与学生的学习需求紧密相连。如此，教学、学习与评价在即时性的驱动下，形成了动态互动的良好循环。

（三）强调个性化，注重因材施教，促进全面发展

形成性评价注重学生的个体差异，强调评价和指导的个性化。在初中数学教学中，这意味着教师需要根据学生的学习能力、兴趣偏好、学习习惯等因素，设计差异化的评价任务和反馈策略。例如，在“几何图形初步”的教学中，教师根据学生空间想象

力的差异，设计了差异化的评价任务。对空间想象力较强的学生，教师可以布置具有挑战性的几何构造题，激发他们的探索欲望；对空间感较弱的学生，教师可以从基础的图形识别、性质理解着手，循序渐进地提升难度，确保他们能够在适合自己的节奏中稳步前进。这种个性化的评价任务，不仅让每位学生都能在学习中找到成长的乐趣，也让教师能够更加精准地掌握学生的学习状况，因材施教，针对不同学生给予个性化的反馈和指导。教学、学习与评价在差异化的融合中，共同推动着学生的全面发展和数学素养的提升。

（四）强调互动性，注重多方参与，共筑学习共同体

形成性评价强调评价的互动性，鼓励教师、学生、同伴乃至家长等多方参与评价过程，通过自我评价、同伴评价、师生反馈等多种形式，增强学生的主体意识和参与感，构建积极的学习氛围。例如，在"概率初步"的教学中，教师可以组织学生进行小组项目，让他们合作设计并实施一个概率实验，如抛硬币、抽卡片等。实验结束后，小组内成员相互评价实验设计的合理性、数据收集的准确性、结论推断的逻辑性，教师在此基础上给予总结性反馈，既促进了学生之间的交流与合作，也加深了他们对概率概念的理解和应用。

形成性评价理论强调过程性、即时性、个性化和互动性特点，不仅帮助教师更准确地把握学生的学习状态，及时调整教学策略，而且能激发学生的学习兴趣，促进他们的全面发展，构建积极、互动的学习环境，为初中数学教学的有效性提供了坚实的保障。

二、形成性评价理论的主要观点

形成性评价理论作为一种先进的教育理念，其核心观点对初中数学教学具有深远的指导意义。以下将结合初中数学教学内容，对形成性评价理论的主要观点进行深度阐述。

（一）评价是教学的一部分：评价与教学相辅相成

形成性评价理论认为，评价并非教学的附加环节或事后总结，而是教学过程中不可或缺的一部分。评价与教学相互促进，共同构成了一个完整、动态的教学过程。在初中数学教学中，这意味着评价应该贯穿于课堂讲解、练习、作业、复习等各个环节，成为教师教学和学生学习的有力工具。例如，在"二次函数"的教学中，教师可以通过课堂提问、随堂练习等方式即时评价学生对函数概念、性质、图象及应用的理解情况。这些评价活动不仅帮助教师及时了解学生的学习状态，调整教学策略，而且引导

学生积极参与课堂互动，加深对二次函数知识的理解和掌握。评价与教学紧密相连，共同推动了教学过程的顺利进行。

（二）评价的目的是促进学习：以评促学，助力成长

形成性评价的目的不是为了给学生排名或分等级，而是为了通过评价来促进学生的学习和发展。评价应该为学生提供有用的反馈信息，帮助他们了解自己的学习情况，明确自己的优势和不足，从而制订有效的学习计划，提高学习效果。例如，在“三角形全等判定”的教学中，教师可以通过作业批改、课后辅导等方式，为学生提供针对性的反馈。对知识掌握还不牢固的学生，教师可以指出他们在判定条件理解、证明过程书写等方面的具体问题，并提供相应的练习和建议，帮助他们改进学习方法，提高学习效率。这种以评促学的评价方式，有助于激发学生的学习兴趣和积极性，促进他们的全面发展。

（三）评价应该具有针对性和建设性：精准反馈，有效指导

形成性评价强调评价应该具有针对性和建设性。评价不应该只是简单地给出对错或分数，而应该针对学生的具体学习情况提供具体的反馈和建议。这些反馈和建议应该具有可操作性，能够帮助学生明确改进学习的方向，提高学习效果。例如，在“一元一次不等式”的教学中，教师可以通过课堂观察、测试分析等方式，了解学生在不等式解法、不等式性质应用等方面的掌握情况。对存在学习困难的学生，教师可以提供具体的解题步骤和思路引导，帮助他们找出错误原因，掌握正确的解题方法。同时，教师还可以根据学生的学习情况，给出个性化的学习建议，如加强巩固基础知识、基础练习等。这种针对性和建设性的评价方式，有助于提高学生的自信心和学习动力，促进他们的持续进步。

形成性评价理论将评价融入教学过程、以评促学、提供针对性和建设性的反馈。这种以评价为手段、以促进学习为目的的教学理念，为初中数学教学的改革和发展注入新的活力。借助形成性评价理论，教师可以更好地了解学生的学习情况，调整教学策略，提高教学效果；学生也可以更加明确自己的学习目标和方向，制订有效的学习计划，提高学习效果。

三、形成性评价理论在初中数学教学中的应用

在初中数学教学中，形成性评价理论的应用具有重要意义，它不仅有助于提高学生的学习效果，而且有助于促进教师的专业发展，实现教学相长。

（一）形成性评价：学生学习进展的晴雨表

在初中数学知识的广阔天地里，形成性评价如同一位细心的观察者，时刻监测着学生的学习进展。教师通过课堂观察，捕捉学生思维的火花；通过作业分析，洞悉学生知识的掌握程度；通过单元测试，衡量学生的学习成效。这些评价方式如同多面镜子，从不同角度反射出学生的学习状态。例如，在“平行线与相交线”的教学中，教师通过课堂提问发现部分学生对平行线的性质理解模糊，作业分析显示学生在运用平行线的性质解题时错误率较高。于是，教师及时调整教学策略，增加了平行线性质的讲解和练习，通过板书演示和例题讲解，帮助学生巩固理解。同时，教师还设计了针对性的单元测试，检验学生的学习成果，确保每位学生都能扎实掌握这一基础知识。

（二）形成性评价：激发学生兴趣的催化剂

形成性评价的即时性和反馈性，如同春风化雨，滋润着学生的学习兴趣和积极性。教师及时给予学生的正面反馈和鼓励，如同阳光照耀，增强了学生的自信心和学习动力。同时，教师引导学生积极参与过程性评价，让他们成为评价的主体，这种主体性的体现，如同点燃了学生内心的火焰，让他们更加积极地投入数学学习中。例如，在“一次函数的应用”的教学中，教师鼓励学生进行自我评价，思考自己在理解函数概念、绘制函数图象、解决实际问题等方面的表现。同时，组织学生进行同伴评价，让他们相互学习，取长补短。这种评价方式不仅激发了学生的兴趣，而且培养了他们的批判性思维和合作能力。

（三）形成性评价：教师专业成长的阶梯

形成性评价不仅对学生有益，更是教师专业成长的宝贵财富。通过收集和分析学生的学习数据，教师如同拥有了一把钥匙，能够深入了解学生的学习需求和困难，从而不断调整和优化教学策略。同时，教师反思自己的教学实践，如同磨刀霍霍，不断雕琢自己的教学技艺。例如，在“二次函数的图象与性质”的教学中，教师通过分析学生的作业和测试结果，发现学生在理解二次函数开口方向、顶点坐标等方面存在困难。于是，教师反思自己的教学方法，调整了教学顺序，先通过直观的图象演示帮助学生理解性质，再进行深入的讲解和练习。这种反思和实践的过程，不仅提升了教师的教学水平，也促进了教师的专业成长。

（四）形成性评价：“教—学—评”一致性的桥梁

形成性评价理论为“教—学—评”一致性搭建了坚实的桥梁。在初中数学教学中，教师根据教学目标设计相应的评价任务，确保评价内容与教学内容紧密相关。这种一致性如同纽带，将教学、学习和评价紧紧相连。例如，在“三角形的边角关系”的教学中，教师根据教学目标“理解并掌握三角形的边角关系定理”设计了评价任务，如让学生证明特定条件下的三角形的边角关系。同时，教师将评价结果及时反馈给学生和家长，让他们了解学生的学习进展和需要改进的地方。这种“教—学—评”一致性的实践，确保了教学的有效性和针对性，促进了学生的全面发展。

形成性评价理论在初中数学教学中的应用是多方面的、深层次的，它引领着教师和学生共同探索数学的奥秘，开启了教师专业成长的大门。

四、形成性评价理论与“教—学—评”一致性的联系

形成性评价理论与“教—学—评”一致性理念逐渐成为提升教学质量、促进学生全面发展的关键要素。特别是在初中数学教学中，这两者的紧密结合不仅优化了教学评价体系，而且极大地提高了教学的针对性和有效性。以下将详细探讨形成性评价理论与“教—学—评”一致性在初中数学教学中的内在联系及其具体实践。

（一）评价目的的一致性：共筑学生发展的基石

形成性评价理论与“教—学—评”一致性都明确将评价的目的定位于促进学生的学习和发展。在初中数学这一抽象且逻辑性强的学科领域，学生往往面临理解概念、掌握方法、运用知识解决实际问题等多重挑战。传统的终结性评价往往只关注学生的学习结果，而忽视了学习过程中的困惑和成长。而形成性评价则强调在学习的过程中持续监测学生的进展，及时发现并解决学习中的问题。

“教—学—评”一致性同样强调评价的服务功能，即评价应服务于教学，服务于学生的学习。这意味着，评价不仅仅是为了给学生一个分数或等级，更是为了了解学生的学习状况，为教师的教学提供反馈，为学生的学习提供指导。在初中数学教学中，这种评价目的的一致性使得教师能够更加关注学生的个体差异，为学生提供更加个性化的学习支持，从而确保每位学生都能在适合自己的节奏下稳步前进。

（二）评价过程的一致性：教学与评价的无缝对接

形成性评价理论与“教—学—评”一致性都倡导评价过程应贯穿于整个教学过程之中，实现教学与评价的无缝对接。在初中数学教学中，这一理念尤为重要。数学知识体系的构建是一个循序渐进的过程，每一个知识点都是后续学习的基础。因此，教师需要通过形成性评价来持续监测学生对每个知识点的掌握情况。

具体来说，教师可以根据教学目标设计相应的评价任务，如课堂小测、课后作业、单元测验等。这些评价任务不仅应紧密围绕教学内容，而且应体现不同层次的学习要

求，全面评估学生的学习水平。同时，教师应及时给予学生反馈和指导，帮助他们纠正错误，巩固知识。这种评价过程的一致性确保了教学与评价的高度契合，使得评价真正成为教学的有力助手。

在教学实践中，教师可以通过观察学生在课堂上的表现，记录他们的作业完成情况，与他们进行个别访谈等方式来收集学生的学习数据。这些数据不仅反映了学生的学习成果，而且揭示了他们的学习态度和习惯、思维方式、解决问题的能力等多方面的信息。教师可以根据这些信息调整教学策略，做到精准教学。

（三）评价结果的一致性：公正客观的评估体系

形成性评价理论与"教—学—评"一致性都强调评价结果应具有一致性和可靠性。在初中数学教学中，这意味着教师需要采用多种评价方式和方法来全面、客观地评估学生的学习效果。

具体来说，教师可以结合定量评价和定性评价两种方式。定量评价主要通过分数、等级等量化指标来评估学生的学习成果；定性评价则通过文字描述、案例分析等方式来评价学生的学习态度、思维方式和解决问题的能力等非量化方面。这两种评价方式相互补充，共同构成了一个全面、客观的评估体系。

教师还需要确保评价结果的可靠性和一致性。这要求教师在设计评价任务时，要明确评价标准，确保评价过程的公正性和客观性。在收集和分析学习数据时，教师要采用科学的方法和技术，避免主观臆断。在评估学生的学习效果，教师要综合考虑多种因素，确保评价结果的准确性和全面性。

教师可以根据评价结果来制订相应的教学改进计划，如调整教学策略、优化教学方法、加强个别辅导等。同时，评价结果还可以作为教师专业发展的重要参考，帮助他们不断提高教学水平和教学能力。

（四）形成性评价促进"教—学—评"一致性的实现：理论与实践的深度融合

形成性评价理论为"教—学—评"一致性的实现提供了有力的支持。在初中数学教学中，教师可以通过形成性评价来确保教学与评价的一致性，从而提高教学的有效性和针对性。

首先，教师可以根据教学目标设计相应的评价任务，确保评价内容与教学内容紧密相关。这意味着，评价任务不仅要覆盖教材要求掌握的知识点，而且要体现不同层次的学习要求，从而全面评估学生的学习水平。评价任务的设计还要考虑学生的个体差异和认知水平，确保每位学生都能有适合自己的评价。

其次，教师可以通过观察、记录、访谈等方式收集学生的学习数据，并及时给予反馈和指导。这些数据不仅反映了学生的学习成果，而且揭示了他们的学习过程和思维方式。教师可以根据这些数据来了解学生的学习状况，发现他们的问题和困难，并及时给予帮助和支持。这种及时的反馈和指导有助于激发学生的学习兴趣和积极性，提高他们的学习效果。

再次，通过对收集到的学习数据进行分析和处理，教师可以评估学生的学习效果。这种评估不仅关注学生的学习成果，而且关注他们的学习过程和思维方式的变化。教师可以根据评估结果来了解教学的有效性和针对性，发现教学中存在的问题和不足，并据此制订相应的教学改进计划。

最后，教师可以引导学生根据评价结果制订相应的学习计划，促进他们的全面发展。这意味着，评价不仅是为了了解学生的学习状况，更是为了帮助他们明确自己的学习目标和发展方向。教师可以与学生一起分析评价结果，找出他们的优势和不足，一起制订切实可行的学习计划。这种以评价为导向的学习计划有助于激发学生的学习动力，提高他们的自主学习能力和综合素质。

形成性评价理论与“教—学—评”一致性在初中数学教学中具有密切的联系。通过运用形成性评价理论，教师可以实现教学与评价的一致性，提高教学的有效性和针对性。这种一致性还有助于促进教师的专业发展，提高他们的教学水平和能力；更重要的是，它能够为学生的全面发展提供有力的支持和保障。在今后的教学实践中，教师应继续深入探索和实践这一理念，为初中数学教学注入新的活力和动力。

第 2 章　“教—学—评”一致性的国际研究

随着国际交流的日益紧密和深入，教育领域迎来了前所未有的开放与融合。在“教—学—评”一致性这一理论研究领域，我们既要深深扎根于中国教育的大地，确保理论研究的本土化和实践性，体现出鲜明的中国特色，又要以开放的眼光审视世界，积极吸收国际上的先进典型和经验，推动“教—学—评”一致性理论的不断完善与创新。

“教—学—评”一致性理论强调教学、学习和评价三者之间的紧密关联和相互促进。在中国教育的大背景下，我们需要深入研究中国的教育体制、教学模式和评价方式，探索出适合中国国情的“教—学—评”一致性实践路径。因此，我们应充分考虑中国的文化传统、教育理念和学生特点，确保“教—学—评”一致性理论能够真正落地生根，为中国的教育改革与发展提供有力支持。然而，扎根中国教育大地并不意味着我们要闭关自守、拒绝外来经验。相反，我们应该以开放的姿态，积极借鉴国际上的先进典型和经验。在“教—学—评”一致性理论研究方面，国际上已经形成了许多成熟的理念和实践模式。通过研究这些国际案例，我们可以了解不同国家在“教—学—评”一致性方面的探索和实践，拓宽我们的视野，启发我们的思维。

研究国际案例、经验对“教—学—评”一致性理论研究的价值是多方面的。首先，它可以帮助我们验证和完善“教—学—评”一致性理论在中国教育中的适用性和有效性。通过比较不同国家的“教—学—评”一致性实践，我们可以发现哪些因素是影响“教—学—评”一致性实施效果的关键因素，哪些策略和方法是行之有效的，从而为我们的理论研究提供有力的实证支持。其次，国际案例和经验可以激发我们在“教—学—评”一致性理论研究中的创新思维。当我们接触到不同国家的“教—学—评”一致性理念和实践时，我们会思考这些理念和实践如何与中国教育相结合，如何在中国的教育环境中进行创新和发展。这种创新思维的激发，有助于我们推动“教—学—评”一致性理论在中国的本土化创新，形成具有中国特色的“教—学—评”一致性理论体系。最后，研究国际案例、经验还可以提升我们在“教—学—评”一致性理论研究中的国际视野和跨文化交流能力。在全球化时代，具备国际视野和跨文化交流能力是非常重要的，通过研究国际案例、经验，我们可以更好地了解不同国家的“教—学—评”一致性理论发展动态和实践成果，增强我们的国际意识和跨文化敏感性，为我们在国际舞台上展示中国在“教—学—评”一致性理论研究方面的成果和贡献打下坚实的基础。

本章将探索梳理和分析国际上的相关研究成果和实践案例，我们将了解“教—学—评”一致性在不同国家和地区的应用现状和发展趋势，还将探讨国际上的先进经验和做法为我国在初中数学教学中如何应用“教—学—评”一致性提供借鉴和启示。

第 1 节 “教—学—评”一致性国际研究的历史脉络

最早提出“教学一致性”（Instructional Alignment）概念的是美国的教育心理学家科恩（Cohen，S. A.）。他用一致性概念来替代教学中的某些设计条件与预期的教学过程、教学结果之间的匹配程度，但是并没有对“一致性”的内涵和外延做过多的阐述。对“一致性”概念进行全面深入分析的是美国著名教育评价专家韦伯（Webb，N. L.）。在韦伯看来，一致性指两种或更多事物之间的吻合程度，即事物各个部分或要素融合成一个和谐的整体，并指向对同一概念的理解。

“教—学—评”一致性作为教育领域的重要理念，其研究与发展历程充满了探索与创新。从教育实践的深处崛起，这一理念逐渐成为提升教学质量、促进学生全面发展的关键路径。20 世纪 80 年代，美国“基于标准的教育改革运动”（Standard-Based Reform，简称 SBR）为“教—学—评”一致性的研究奠定了基石。随后，日本“教—学—评一体化”教学评价原则、英国“为了学习的评价”（Assessment for Learning，简称 AfL）理念的相继提出，进一步丰富了这一理念的内涵与实践路径。进入 21 世纪，随着教育技术的飞速发展和全球教育改革的深入推进，“教—学—评”一致性的研究与实践更是呈现出蓬勃发展的态势。梳理“教—学—评”一致性研究的历史脉络，探讨其在不同历史阶段的发展特点与贡献，可以有效地为当前及未来的教育实践提供启示与借鉴。

一、起源与奠基：美国“基于标准的教育改革运动”（20 世纪 80 年代）

“教—学—评”一致性理念的溯源，不可不提及 20 世纪 80 年代美国所掀起的一场深刻教育改革——“基于标准的教育改革运动”。这一运动不仅是对当时教育质量参差不齐、学生成绩下滑等问题的直接回应，更是对教育评价体系的一次根本性重塑，而形成性评价理念正是这一重塑过程中的关键组成部分。

20 世纪 80 年代，美国教育界面临着前所未有的挑战。教育质量的不均衡、学生成绩的普遍下滑，以及社会对教育质量日益增长的期望，共同促使教育界开始寻求新的改革路径。在此背景下，“基于标准的教育改革运动”应运而生。其核心思想在于强调教学、学习和评价必须与课程标准保持高度一致，以确保教育目标的明确性，以及教育过程的连贯性和有效性，从而为学生提供一个清晰、一致的学习路径。

在这场改革中，美国的教育者们深刻认识到传统评价方式的局限性。传统的评价往往侧重于对教学结果的总结性评价，这种评价方式往往在教学过程结束后进行，主要用于判定学生的学习成果，而忽视了评价在教学过程中的反馈和引导作用。因此，他们提出评价不应仅仅是教学过程的终点，而应成为教学的一部分，与教学过程紧密相连。这就是形成性评价理念的雏形。形成性评价强调在教学过程中持续、系统地收集有关学生学习表现的信息，并及时反馈给教师和学生，以帮助他们调整教学策略和学习方法。这种评价方式不仅关注学生的学习结果，更关注学生的学习过程，旨在通过及时的反馈和调整，促进教学质量的持续提升。

"基于标准的教育改革运动"不仅明确了"教—学—评"一致性的基本框架，即教学、学习和评价三者之间的相互关系，还极大地推动了评价方式的多样化和评价过程的动态化。在这一框架下，形成性评价得到了广泛的应用和发展。除了传统的纸笔测试外，美国教育者开始积极尝试使用观察、讨论、作品展示等多种评价方式，从而更全面地评价学生的学习成果。这些评价方式的引入，不仅丰富了评价的手段，也使得评价更加贴近学生的实际学习情况。通过观察学生在课堂上的表现、参与讨论的积极性、作品创作的创意和完成度等多方面的信息，教师可以更准确地了解学生的学习状况，及时发现问题并给予针对性的指导。

同时，形成性评价还强调评价的及时性和反馈的有效性。教师需要定期收集和分析学生的学习数据，及时将评价结果反馈给学生和家长，帮助他们了解自己的学习进展和存在的问题。这种及时的反馈机制可以激发学生的学习动力，促使他们积极调整学习策略，努力提高自己的学习成绩。

二、创新与融合：日本"教—学—评一体化"教学评价原则（20 世纪 90 年代中期）

在 20 世纪 90 年代中期，日本教育界迎来了一次重要的理论创新与实践融合，这便是由日本学者水越敏行等人提出的"教—学—评一体化"教学评价原则。这一原则的提出，不仅为教学评价领域注入了新的活力，也对后来的教育实践产生了深远的影响。

"教—学—评一体化"教学评价原则的核心在于强调教学、学习和评价三者之间的有机融合和相互促进。传统上，教学、学习和评价往往被视为相互独立的环节，各自承担着不同的职责和功能。然而，这种分割式的看法忽视了它们之间的内在联系和相互作用。日本学者通过深入研究和实践探索，发现只有将这三者有机结合起来，才能形成一个完整、高效的教育系统。

在这一原则的指导下，评价不再仅仅是教学过程的终结环节，而是贯穿于整个教学过程中的重要组成部分。评价不仅为教学提供了反馈和依据，而且激发了学生的学习动力和积极性。同时，这一原则也强调评价应根据学生的特点和需求进行个性化设计。每个学生都是独一无二的个体，他们有着不同的学习风格、兴趣和能力。因此，评价也应该因人而异，以更准确地反映学生的学习情况。

为了实现这一目标，日本教育者注重评价方式的多元化和评价过程的个性化。他们积极探索新的评价方式，如项目式学习、表现性评价等。这些评价方式不仅关注学生的知识掌握情况，而且重视学生的实践能力、创新思维和团队协作能力等综合素质。通过这些多元化的评价方式，可以更全面地评价学生的学习成果和能力，为他们的全面发展提供有力的支持。

“教—学—评一体化”教学评价原则的提出和实践，是日本教育界在 20 世纪 90 年代中期的一次重要创新。这一原则不仅推动了教学评价理论的进一步深化与发展，也为后来的教育实践提供了有益的借鉴和启示。

三、深化与拓展：英国“为了学习的评价”理念（20 世纪 90 年代中后期）

20 世纪 90 年代中后期，英国教育界在“基于标准的教育改革运动”的基础上，进一步提出了“为了学习的评价”理念，这一理念的提出，标志着“教—学—评”一致性理论进入了深化与拓展的新阶段。

“为了学习的评价”理念强调，评价的核心目的不仅在于判断学生的学习成果，更在于促进学生的学习和发展。这一转变，使得评价不再仅仅是教学过程的附属品，而是成为教学不可或缺的一部分。评价被融入了教学过程的每一个环节，为教师和学生提供了持续的反馈信息，成为教学调整和学习改进的重要依据。

“为了学习的评价”理念对“教—学—评”一致性理论进行了深刻的拓展。它明确指出，评价不仅应与教学和学习保持一致，而且应承担起反馈和引导的重任。评价不再仅仅是对教学结果的静态判断，而是对教学过程的动态监控和调整。通过评价，教师可以及时了解学生的学习情况，发现教学中的问题，从而调整教学策略，提高教学效果。同时，学生也可以通过评价了解自己的学习状况，明确学习方向，增强学习的针对性和有效性。

在这一阶段，英国教育者特别注重评价过程的动态化和评价主体的多元化。他们提出，评价应该贯穿于整个教学过程的始终，实现过程性评价和终结性评价的有机结合。过程性评价关注学生的学习过程和学习表现，能够及时发现学生的学习问题和进步；终结性评价则对学生的学习成果进行总结性评价，为教学提供最终的反馈。除了教师评价外，还鼓励学生自评、互评以及家长、社区等外部评价的参与，形成了全方位、多层次的评价体系。这种评价体系的建立，不仅提高了评价的准确性和全面性，也增强了评价的公信力和说服力。

四、发展与深化："教—学—评"一致性的国际研究进展（20 世纪 90 年代后期）

继 20 世纪 90 年代中期日本提出"教—学—评一体化"教学评价原则之后，"教—学—评"一致性的理念在全球范围内得到了进一步的深化与发展。从 20 世纪 90 年代后期至今，国际教育界对这一领域的研究不断探索与创新，形成了丰富多样的理论和实践成果。

20 世纪 90 年代后期，随着信息技术的飞速发展，"教—学—评"一致性开始与信息技术相结合，出现了许多基于计算机和网络的评价工具和方法。这些技术手段使得评价更加便捷、高效，也为个性化教学提供了便利条件。国际教育界开始更加关注评价在促进学生主动学习、深度学习方面的作用，强调评价应成为激发学生内在动机、引导学生自我反思和自我提升的重要手段。

进入 21 世纪，"教—学—评"一致性的研究逐渐呈现出跨学科、跨领域的趋势。教育学、心理学、认知科学等多学科的融合，为"教—学—评"一致性的理论构建和实践应用提供了更广阔的视野和更深入的洞察。研究者们开始从更宏观的层面探讨"教—学—评"一致性在教育系统中的地位和作用，以及如何构建更加完善、科学的教学评价体系。

近年来，随着全球教育改革的深入推进，"教—学—评"一致性成为许多国家教育改革的重要议题。各国纷纷出台相关政策文件，强调教学、学习和评价的一致性，推动评价方式的多样化和评价过程的个性化。国际组织和学术机构也积极举办相关会议和研讨会，促进国际间的交流与合作，共同推动"教—学—评"一致性的研究与实践。

具体到实践层面，许多学校和教师开始积极探索"教—学—评"一致性的实施路径和方法。他们通过设计明确的学习目标、制订与学习目标相一致的评价标准、在教学过程中持续收集和使用评价信息等方式，努力实现一致性。这些实践探索不仅提高了教学质量和学生的学习效果，也为"教—学—评"一致性的理论研究提供了丰富的实证支持和案例借鉴。

从 20 世纪 90 年代后期至 2024 年，"教—学—评"一致性的国际研究经历了从技术融合到跨学科探索，再到政策推动和实践创新的多个发展阶段。这一过程中，"教—学—评"一致性的理念不断得到深化和拓展，为全球教育质量的提升做出了重要贡献。今后，随着教育技术的不断发展和教育改革的深入推进，"教—学—评"一致性的研究与实践将继续迎来新的机遇和挑战。

第 2 节　“教—学—评”一致性国际研究的典型案例

在全球化日益加深的今天，教育理念的交流与融合已成为不可阻挡的趋势。通过研究国际案例，我们可以接触到先进的教育理念和教学思想，促进教育观念的更新和转变。“教—学—评”一致性作为提升教育质量、促进学生全面发展的关键策略，正受到各国教育界的广泛关注。研究“教—学—评”一致性的国际案例，对我国乃至全球教育的发展都具有深远的意义和价值。

国际案例为我们提供了宝贵的经验借鉴。不同国家和地区在“教—学—评”一致性的实践探索中，形成了各具特色的模式和策略。通过深入研究这些案例，我们可以了解不同文化背景下的教育实践，学习不同国家和地区在目标设定、内容选择、方法运用和评价实施等方面的成功经验，为我国的教育改革提供有益的参考。与此同时，通过研究国际案例，我们可以了解国际教育的发展趋势和先进做法，为我国教育的国际化进程提供有力支持。

国际案例研究还有助于促进教育的跨文化交流。教育作为文化传播的重要载体，对增进不同国家和民族之间的理解和友谊具有重要意义。通过研究国际案例，我们可以了解不同文化背景下的教育实践，促进教育文化的交流与融合，为构建人类命运共同体贡献力量。

研究“教—学—评”一致性的国际案例，对我国乃至全球教育的发展都具有重要的意义和价值。它不仅为我们提供了宝贵的经验借鉴，推动了教育理念的更新，而且提升了我国教育的国际竞争力，促进了教育的跨文化交流。

一、美国：形成性评价

美国基于标准的教育改革运动兴起于 20 世纪 80 年代，其核心目标是确保教学、学习和评价与课程标准保持一致。改革者认为，通过明确的教育标准，可以确保所有学生都能达到设定的学术要求，从而提升教育质量和公平性。在这一背景下，“教—学—评”一致性成为一个关键概念，它强调教学目标、教学过程和评价之间的统一性。“教—学—评”一致性的理论背景可以追溯到美国心理学家科恩的研究，他最早提出了这个概念，并强调了教学目标、教学过程和评价之间的紧密联系。美国韦伯则从另一个角度来理解“教—学—评”一致性，他认为各个部分或要素需要融合成一个和谐的整体，并指向对同一概念的理解，这更加强调了课程、教学和评价之间的协调性。

（一）形成性评价的起源与发展

形成性评价起源于 20 世纪初期，当时英国的教育家们开始探讨如何让学生更好地学习，将教育变得更加有效。随着时间的推移，形成性评价逐渐得到了广泛应用。特别是在 20 世纪 80 年代，美国的教育家们开始将形成性评价引入到教育系统中，旨在帮助学生提高学习能力和成绩。1994 年，美国的教育改革法案明确要求各州和学区采用形成性评价，以帮助学生更好地学习和成长。

形成性评价是一种在教学过程中进行的评估方式，旨在通过收集学生的学习信息来指导教学和学习策略的调整。它不同于传统的总结性评价，后者通常在课程或学习单元结束时进行，以判断学生的学习成果。形成性评价则更加注重过程的评估，强调及时反馈和持续改进。

（二）美国基于标准的教育改革的主要特点

美国基于标准的教育改革具有如下鲜明特点：一是明确的课程标准。美国基于标准的教育改革首先制订了清晰的课程标准，这些标准明确了学生在各个学科领域应该达到的知识和技能水平，为教学、学习和评价提供了明确的指导和框架。二是提出“教—学—评”一致性要求。改革强调教学、学习和评价三者之间的紧密联系。教师需要根据课程标准制订明确的教学目标，并根据这些目标进行教学和评价。通过这种方式，可以确保“教—学—评”一致性的实现，提高教学效果。三是强调学生中心。改革还强调了学生的主体地位。教学不再是单向的知识传授过程，而是教师与学生之间的互动和交流过程。教师需要关注学生的学习需求和进展，及时调整教学策略和方法。

（三）形成性评价的主要特点

形成性评价在初中数学教学中展现出独特魅力，其主要特点有四：一是过程性，它像一盏明灯，照亮学生学习的每一步，不仅关注最终成果，更聚焦于学习过程中的点滴进步和表现，让教学更加细致入微。二是非正式性，它摒弃了刻板的传统考试，采用单元测验、课堂小测等灵活形式，使评价更加贴近学生实际，个性化地反映学习状况。三是反馈性，它为教师和学生提供了连续的反馈信息，指引教师调整教学策略，帮助学生明了学习方向，适时调整学习方法。四是交互性，它强调师生间的亲密合作，鼓励学生参与评价，培养自我评估能力，让教学、学习、评价在互动中共同成长，形成一个充满活力的学习生态系统。

（四）对“教—学—评”一致性理论发展的价值

一是促进“教—学—评”一致性的实现。美国基于标准的教育改革通过制订清晰的课程标准和“教—学—评”一致性的要求，为“教—学—评”一致性的实现提供了有力的支持。教师需要根据课程标准制订明确的教学目标，并根据这些目标进行教学和评价。这种明确的目标导向性使得“教—学—评”一致性更加易于实现。形成性评价的应用也为“教—学—评”一致性的实现提供了有力的支持。通过课堂观察、作业反馈、小组讨论等方式，教师可以及时了解学生的学习进展和存在的问题，并根据这些信息调整教学策略和方法，确保“教—学—评”一致性的实现。

二是丰富“教—学—评”一致性理论的内涵。美国基于标准的教育改革和形成性评价的应用不仅促进了“教—学—评”一致性的实现，而且丰富了“教—学—评”一致性理论的内涵。在“教—学—评”一致性的理论框架下，教学、学习和评价三者之间的紧密联系得到了进一步的强调。形成性评价的应用也使得“教—学—评”一致性理论更加注重过程的评估和反馈的作用。这种对过程和反馈的重视使得“教—学—评”一致性理论更加符合现代教育理念的要求。

三是推动教育实践的改进。美国基于标准的教育改革和形成性评价的应用不仅促进了“教—学—评”一致性理论的发展，而且推动了教育实践的改进。通过实施基于标准的教育改革和形成性评价，教师可以更加科学地组织教学活动和评价学生的学习成果。这种科学的组织方式使得教学更加高效和有针对性，提高了学生的学习效果和教师的教学质量。同时，形成性评价的应用也使得教师更加注重学生的个体差异和个性发展，从而更加全面地关注学生的成长和发展。

美国基于标准的教育改革与形成性评价为“教—学—评”一致性的实现提供了有力的支持，丰富了“教—学—评”一致性理论的内涵，提高了学生的学习效果和教师的教学质量。这些成果不仅为美国教育的发展做出了重要贡献，也为全球教育改革的推进提供了有益的借鉴和启示。

二、日本：教—学—评一体化

在教学评价领域，日本学者提出的“教—学—评一体化”教学评价原则，以其深厚的理论基础和显著的实践效果，为“教—学—评”一致性理论的发展注入了新的活力。这一原则以霍华德·加德纳的多元智能理论为基础，强调评价不应是教学活动的外在附加，而应贯穿于教学活动之中，成为不可分割的一部分。这种一体化的过程不仅促进了教与学的整合，而且实现了教与评、学与评的相互融通和循环，为提升教育质量和促进学生全面发展提供了有力支持。

（一）“教—学—评一体化”的提出

在多元智能理论的启示下，日本学者开始探索如何构建一种更加全面、公正且能有效促进学生发展的评价体系。他们提出了"教—学—评一体化"的教学评价原则，旨在将评价融入教学过程的每一个环节，使之成为促进教学和学习的有力工具。

"教—学—评一体化"的理念强调，评价不仅是判断学生学习成果的手段，更是指导教学、促进学生学习和改进教学实践的重要依据。通过一体化的评价过程，教师可以及时了解学生的学习状况，调整教学策略，满足学生的个性化需求；学生也可以参与评价过程，增强自我认知和自我评估能力，从而更加主动地投入学习中。

（二）"教—学—评一体化"的主要特点

日本"教—学—评一体化"与多元智能理论相结合的教学评价体系具有如下鲜明特点。

一是全程融入。评价不再仅仅是教学结束后的总结性判断，而是贯穿于教学活动的始终。从教学目标的设定、教学内容的选择、教学方法的运用，到学生学习过程的监控和学习成果的评估，评价都是不可或缺的一部分。这种全程融入的评价方式使得教学更加有针对性，也更加有效。

二是多元评价。受多元智能理论的影响，日本的教学评价体系注重从多个维度评价学生的学习成果和发展状况。除了传统的语言和数学逻辑智能外，还关注学生的空间智能、身体—动觉智能、音乐智能、人际智能等。通过多元化的评价方式，可以更加全面地了解学生的智能特点和发展潜力，为个性化教学提供有力支持。

三是学生参与。在"教—学—评一体化"的过程中，学生被鼓励积极参与评价活动。他们不仅作为被评价者接受教师的评价，而且作为评价者参与同伴评价和自我评价。这种参与式评价方式增强了学生的学习主动性和责任感，也培养了他们的自我评估能力和批判性思维。

四是反馈与调整。评价的核心在于及时反馈和根据反馈进行调整。教师需要及时将评价结果反馈给学生和家长，帮助他们了解学生的学习状况和发展方向。教师还需要根据评价结果调整教学策略和方法，以满足不同学生的需求。这种基于反馈的调整机制使得教学更加灵活和个性化。

（三）对"教—学—评"一致性理论发展的价值

一是促进"教—学—评"一致性的深化与拓展。日本"教—学—评一体化"与多元智能理论相结合的教学评价体系进一步深化和拓展了"教—学—评"一致性的理念。在这一体系下，评价不再是教学的附属品或外在附加，而是成为教学的重要组成部分，与教学目标和教学过程紧密相连。这种紧密的联系使得"教—学—评"一致性更加易于实现，也更加有效。同时，多元智能理论的引入为"教—学—评"一致性提供了新的视角和维度，使得评价更加全面和公正。

二是丰富“教—学—评”一致性理论的实践内涵。日本“教—学—评一体化”的教学评价体系在中小学教学中的广泛应用，为“教—学—评”一致性理论提供了丰富的实践内涵。通过具体的实践案例和经验总结，人们更加清晰地认识到教学、学习和评价三者之间的相互作用和关系。这种实践经验的积累使得“教—学—评”一致性理论更加具有可操作性和实用性，也为其他国家和地区的教育改革提供了有益的借鉴和启示。

三是推动教育实践的持续改进与创新。日本“教—学—评一体化”的教学评价体系不仅促进了“教—学—评”一致性理论的发展，而且推动了教育实践的持续改进与创新。通过实施这一体系，教师可以更加科学地组织教学活动和评价学生的学习成果，使教学更加高效和有针对性。学生参与评价过程也增强了他们的学习主动性和自我评估能力，有助于培养他们的终身学习能力和自主学习能力。

日本“教—学—评一体化”教学评价体系强调评价在教学过程中的全程融入和多元评价，深化和拓展了“教—学—评”一致性的理念，丰富了“教—学—评”一致性理论的实践内涵，推动了教育实践的持续改进与创新。

三、英国：为了学习的评价

在 20 世纪 90 年代中后期，英国提出了“为了学习的评价”理念，这一理念强调评价不应仅仅是教学结束后的独立环节，而应成为教学过程中的一个有机组成部分，其核心在于通过及时的反馈和调整，帮助学生更好地理解和掌握知识，从而提高学习效果。

“为了学习的评价”理念的理论背景可以追溯到教育心理学中关于反馈和学习动机的研究。研究表明，及时的、具体的反馈对学生的学习效果有着显著的正面影响。此外，建构主义学习理论也强调学生在学习过程中的主动建构和知识内化，而“为了学习的评价”正是通过持续的反馈和互动，促进学生的主动学习和深度理解。

英国教育政策制定者和教育实践者逐渐认识到，传统的评价方式往往过于注重总结性评价，忽视了评价在教学过程中的促进作用。因此，他们开始倡导将评价融入教学过程，使其成为支持学生学习和教师教学的有力工具。

（一）为了学习的评价的主要特点

英国“为了学习的评价”具有如下鲜明特点：

一是过程性融入。评价不再是教学结束后的独立环节，而是贯穿于整个教学过程中。教师通过课堂观察、提问、小组讨论等多种方式，持续收集学生的学习信息，为教学调整提供即时依据。

二是及时反馈。评价的核心在于及时反馈，教师需要及时将学生的学习情况反馈给学生，帮助他们了解自己的学习进展和存在的问题。这种反馈是具体的、建设性的，旨在指导学生如何改进和提高。

三是学生参与。鼓励学生参与评价过程，培养他们的自我评估能力。通过自我评价和同伴评价，学生可以更加主动地参与到学习过程中，增强学习的主动性和责任感。

四是调整教学策略。教师根据评价结果及时调整教学策略和方法，以满足不同学生的学习需求。这种灵活性使得教学更加个性化，有助于提高教学效果和学生的学习成绩。

（二）对“教—学—评”一致性理论发展的价值

一是促进“教—学—评”一致性的深化。英国“为了学习的评价”通过强调评价在教学过程中的融入和及时反馈，进一步深化了“教—学—评”一致性的理念。在这一机制下，评价不再是教学的附属品，而是成为教学的重要组成部分，与教学目标和教学过程紧密相连。这种紧密的联系使得“教—学—评”一致性更加易于实现，也更加有效。

二是丰富“教—学—评”一致性理论的实践内涵。“为了学习的评价”理念在英国中小学教学中的广泛应用，为“教—学—评”一致性理论提供了丰富的实践内涵。通过具体的实践案例和经验总结，人们更加清晰地认识到教学、学习和评价三者之间的相互作用和关系。这种实践经验的积累使得“教—学—评”一致性理论更加具有可操作性和实用性。

三是推动教育实践的持续改进。英国“为了学习的评价”不仅促进了“教—学—评”一致性理论的发展，而且推动了教育实践的持续改进。通过实施这一机制，教师可以更加科学地组织教学活动和评价学生的学习成果。这种科学的组织方式使得教学更加高效和有针对性，提高了学生的学习效果和教师的教学质量。同时，学生参与评价过程也增强了他们的学习主动性和自我评估能力，有助于培养他们的终身学习能力和自主学习能力。

英国“为了学习的评价”强调评价在教学过程中的融入和及时反馈，深化了“教—学—评”一致性的理念，丰富了“教—学—评”一致性理论的实践内涵，提高了学生的学习效果和教师的教学质量。

在今后的教育改革中，我们应继续探索和完善“教—学—评一体化”的评价体系，以更好地促进学生的学习和发展。

第 3 节　“教—学—评”一致性国际研究的发展趋势

“教—学—评”一致性作为教育领域的核心理念，强调教学活动、学习过程与评价机制之间的紧密衔接与相互支持。这一理念在国际范围内，如美国、英国、日本等国的研究与实践中，已展现出其强大的生命力和广泛的应用前景。随着教育的不断演进和技术的飞速发展，“教—学—评”一致性的发展趋势正呈现出新的特点，这些特点不仅体现了教学、学习与评价三者之间的深度融合，也彰显了国际化的研究视角。

一、评价方式的多元化趋势日益明显

在美国，以表现性评价、档案袋评价等多元评价方式为代表的改革已经深入课堂，这些评价方式强调对学生实际能力、创新思维和问题解决能力的考察。英国则注重形成性评价的应用，通过持续的反馈和调整，促进学生的学习进步。日本在评价中融入了学生自我评价和同伴评价的元素，增强学生的自我认知和自我管理能力。这些多元化的评价方式不仅丰富了评价的手段，也使得教师的教学更加贴近学生的实际需求，促进了学生的主动学习和深度学习。同时，这些评价方式也要求教师在教学过程中更加注重学生的个体差异，实施差异化教学，从而实现教学与评价的良性互动。

二、评价过程的动态化成为新趋势

传统的教学评价往往侧重于教学结束后的总结性评价，而忽视了教学过程中的即时反馈和调整。然而，在现代教育理念下，评价被看作教学过程的一部分，应该贯穿于整个教学过程的始终。美国、英国等国的教育实践表明，通过过程性评价和终结性评价的有机结合，教师可以及时了解学生的学习情况，调整教学策略和方法，从而更好地促进学生的学习和发展。这种动态化的评价方式不仅提高了教学的针对性和有效性，也增强了学生的学习动力和自信心。

三、评价主体的多元化成为重要特点

在传统的评价体系中，教师往往是评价的主体，而学生、家长、社区等外部评价主体的声音相对较弱。然而，随着教育理念的更新和国际交流的加深，人们逐渐认识到多元化的评价主体对形成全方位、多层次的评价体系的重要性。在美国，家长和社

区广泛参与学校教育评价，为学校提供了宝贵的外部视角。在英国，学生自我评价和同伴评价被纳入评价体系，增强了学生的主体性和参与感。在日本，学校与企业、社会机构的合作评价也为学生提供了更广阔的职业发展视角。这种多元化的评价主体有助于形成更加全面、公正、有效的评价体系，提高评价的准确性和有效性，同时也促进了教学、学习与评价之间的深度融合。

“教—学—评”一致性的发展趋势呈现出评价方式多元化、评价过程动态化和评价主体多元化的特点。这些特点不仅体现了教学、学习与评价三者之间的深度融合，也彰显了国际化的研究视角。未来，随着教育的不断发展和国际交流的加深，“教—学—评”一致性理念将进一步完善和发展，为提升教育质量、促进学生全面发展提供有力的支持。

第 4 节　“教—学—评”一致性国际研究的启示意义

在当今教育改革的大潮中，“教—学—评”一致性已成为提升教育质量、促进学生全面发展的核心理念。通过对美国、英国和日本等国的先进经验和做法的深入剖析，可以为我国在初中数学教学中应用“教—学—评”一致性提供宝贵的借鉴和启示。

一、明确课程标准的核心地位，奠定“教—学—评”一致性的基石

课程标准作为教学质量的衡量标尺，其重要性日益凸显。美国基于标准的教育改革运动为我们提供了宝贵的经验，强调了课程标准在教学设计、实施与评价一致性中的核心地位。这一理念对我国初中数学教学而言，无疑具有深远的启示意义。初中数学作为基础教育的重要组成部分，不仅承载着传授数学知识的任务，更肩负着培养学生逻辑思维、问题解决能力等综合素质的使命。因此，明确课程标准的核心地位，对提升初中数学教学质量，促进“教—学—评”一致性具有至关重要的作用。

（一）以课程标准为教学的指南针

课程标准是规定了学生在特定学科领域应达到的知识和技能水平的纲领性文件，为教学活动指明了方向，是教学活动的出发点和归宿。对教师而言，课程标准不仅是教学的依据，更是教学的灵魂，它提供了明确的教学目标和内容框架，确保了教学的系统性和连贯性。

在初中数学教学中，课程标准的作用尤为突出。它不仅界定了学生应掌握的数学概念、公式、定理等基础知识，为教师的教学提供了具体的内容指导，而且强调了数

学思维的培养、问题解决策略的运用以及数学文化的熏陶等多方面内容。课程标准要求教师在传授知识的同时，更要注重培养学生的逻辑思维、创新能力和实践能力，使学生能够在掌握数学知识的基础上，形成完整的数学素养。

因此，深入研究和理解课程标准，是教师进行有效教学的前提和基础。只有充分把握课程标准的精神和内涵，教师才能在教学中做到有的放矢，确保教学活动的科学性和有效性。

（二）教学目标与课程标准的对接

教学目标是教学活动的灵魂，它指引着整个教学过程的方向。在制订初中数学教学目标时，教师应紧密依据课程标准，确保教学目标既符合课程标准的总体要求，又能够具体、可衡量。例如，在"一次函数"的教学中，教学目标可以设定为"学生能够理解一次函数的定义，掌握一次函数的图象画法，并能运用一次函数解决实际问题"，这样的教学目标既明确了教学内容，又体现了对学生能力培养的要求。

考虑学生之间的个体差异，教学目标还应具有层次性。对基础较好的学生，可以设定更高层次的目标，如能够自主探索一次函数与现实生活中的应用实例；对基础较弱的学生，则侧重于基础知识的掌握，如能够准确画出一次函数的图象。这种层次性的教学目标有助于满足不同学生的需求，促进全体学生的发展。

（三）教学活动以课程标准为导向

在教学过程中，教师应围绕课程标准组织教学内容，确保教学内容既全面又重点突出。以"几何图形初步"的教学为例，教师应按照课程标准的要求，系统讲解点、线、面、角等基本概念，同时结合生活实际，引导学生观察、分析身边的几何图形，增强学生对几何图形的直观感受和理解。

教学方法是实现教学目标的手段。在选择教学方法时，教师应充分考虑课程标准的要求和学生的实际情况。对概念性较强的内容，可以采用讲授法结合多媒体演示，帮助学生形成清晰的概念；对需要动手操作的内容，如图形的平移、旋转，则应采用实验法或探究法，让学生在实践中加深理解。

教学活动应是师生双方共同参与的过程。教师应鼓励学生积极参与课堂讨论，提出自己的见解和疑问，形成师生、生生之间的互动交流。这种互动不仅有助于激发学生的学习兴趣，而且能促进学生对数学知识的深入理解和灵活应用。

（四）评价依据课程标准

评价是检验教学效果的重要环节。在设计评价任务时，教师应以课程标准为基准，确保评价任务能够全面反映学生的知识和技能水平。例如，在考查"二次函数的性质"

时，评价任务可以包括绘制二次函数图象、分析二次函数的最值、解决实际问题等多个方面，以全面评价学生对二次函数的理解和掌握程度。

评价标准是评价任务的具体化。在制订评价标准时，教师应明确每个评价任务的评分细则和等级划分，确保评价的客观性和公正性。评价标准还应具有可操作性，便于教师在实际教学中运用。

此外，评价方式应多样化，包括课堂观察、作业批改、单元测试、项目评价等多种形式。不同评价方式各有其优势，能够从不同角度反映学生的学习情况。教师应根据教学内容和学生的实际情况，合理选择评价方式，确保评价的全面性和准确性。

综上所述，明确课程标准的核心地位，对提升初中数学教学质量具有重要意义。教师应深入研究课程标准，将其要求和内容贯穿于教学目标、教学活动和评价方式之中，确保教学活动有的放矢、评价准确有效。政府和教育部门也应加强支持和引导，共同推动初中数学教学质量的全面提升。

二、采用多元化的评价方式，全面反映学生学习情况

评价方式的多元化已成为提升教学质量、促进学生全面发展的关键一环。美国形成性评价的应用和英国"为了学习的评价"理念，均强调了多元化评价方式对全面、准确地反映学生学习情况的重要性。在我国初中数学教学中，同样应积极探索和实践多元化的评价方式，以便更全面了解学生的学习状态，激发他们的学习兴趣，促进他们的全面发展。

一是表现性评价，让学生在实践中展现真我。表现性评价是一种通过观察学生在实际任务中的表现来评价他们学习成果的方式。在初中数学教学中，这可以体现为解决数学问题、进行数学实验、参与数学项目等多种形式。例如，在"几何图形初步"的教学中，教师可以设计一系列实际操作任务，如让学生动手制作几何模型、绘制几何图形等，通过观察他们在这些任务中的表现，来评价他们对几何概念的理解和运用能力。表现性评价的优势在于，能够真实反映学生的实际操作能力和问题解决能力，而不仅仅是纸面上的分数。这种方式能够鼓励学生将所学知识应用于实际情境中，培养他们的实践能力和创新精神。表现性评价还能够揭示学生在学习过程中可能遇到的问题和困难，为教师提供有针对性的教学反馈，帮助教师调整教学策略，更好地满足学生的学习需求。

二是同伴评价，让学生在交流中共同成长。同伴评价是一种鼓励学生之间相互评价的方式，不仅能够培养学生的批判性思维和合作能力，而且能够促进他们之间的相互学习和共同进步。在初中数学教学中，教师可以组织学生进行小组讨论、合作解题等活动，并在活动结束后引导学生进行相互评价。在同伴评价过程中，学生需要学会

客观、公正地看待他人的优点和不足，提出建设性的意见和建议。这种评价方式能够增强学生的责任感和参与感，使他们更加积极地投入学习中去。通过听取他人的评价和建议，学生能够更全面地认识自己的学习情况，明确自己的优势和不足，从而有针对性地改进自己的学习方法，提高学习效果。

三是自我评价，让学生在反思中不断进步。自我评价是一种引导学生进行自我反思和自我评估的评价方式。在初中数学教学中，教师可以定期组织学生撰写学习日记、进行自我测试等，帮助学生了解自己的学习情况，思考自己的学习方法是否有效，以及如何改进。自我评价能够增强学生的自我认知和自我管理能力，使他们更加主动地参与到学习过程中去。通过自我评价，学生能够学会对自己的学习负责，明确自己的学习目标和计划，从而更加有针对性地开展学习。自我评价还能够培养学生的自律性和独立性，为他们未来的学习和生活打下坚实的基础。

多元化的评价方式不仅能够更全面地反映学生的学习情况，而且能够激发学生的学习兴趣和积极性。教师应积极探索和实践多元化的评价方式，根据学生的实际情况和教学需求，灵活选择适合的评价方式，以便更全面地了解学生的学习情况，激发他们的学习兴趣和积极性，促进他们的全面发展。教师还应不断学习和更新评价理念和方法，提高自己的评价能力和水平，为学生的学习和发展提供更好的支持和帮助。

三、强调学生的主体地位，激发学生学习主动性

英国“为了学习的评价”理念深刻地揭示了学生在“教—学—评”一致性中的主体地位，这一理念对我国初中数学教学具有极其重要的指导意义。在数学这一逻辑严密、思维要求高的学科中，充分尊重学生的主体地位，激发他们的学习主动性，不仅是提升教学效果的关键，也是培养学生自主学习能力和创新思维的重要途径。具体而言，要真正实现学生的主体地位，我们应从多个方面入手，做好以下几项工作。

一要鼓励学生参与评价过程，增强他们的参与感和责任感。在传统的评价体系中，学生往往处于被动接受评价的地位，这在一定程度上抑制了他们的学习主动性和创造力。为了改变这一状况，我们应鼓励学生积极参与到评价过程中来。这包括评价任务的制订、评价标准的讨论以及评价结果的反馈等各个环节。在初中数学教学中，教师可以与学生共同制订一些具有挑战性的评价任务，如设计一道综合性的数学题，要求结合多个知识点进行解答。在评价标准的讨论中，教师可以引导学生思考什么样的解答是优秀的，哪些方面是值得肯定的，让他们对评价标准有更深入的理解。在评价结果的反馈环节，教师应鼓励学生发表自己的看法，对评价结果进行讨论，这样不仅能增强他们的参与感，而且能让他们更清楚地了解自己的学习状况，明确改进的方向。

二要关注个体差异和需求差异，提供个性化的指导和支持。每位学生都是独一无

二的个体，他们有着不同的学习基础、兴趣爱好和认知风格。在初中数学教学中，教师应充分关注这些个体差异和需求差异，为每位学生提供个性化的指导和支持。对基础较弱的学生，教师应给予更多的辅导和鼓励，帮助他们巩固基础知识，提高解题能力。对学有余力的学生，教师应提供一些拓展性的学习材料或挑战性的任务，激发他们的求知欲和创新思维。教师还可以根据学生的兴趣爱好，引导他们将数学知识与现实生活相结合，开展一些有趣的数学实践活动，如制作数学模型、调查统计数据等。

三要创设民主和谐的课堂氛围，激发学生的思维活力。课堂氛围对学生的学习主动性有着至关重要的影响。一个民主、和谐、充满活力的课堂氛围能够激发学生的思维活力，促进他们主动学习，培养他们的创新思维。在初中数学教学中，教师应尊重每位学生的意见和想法，鼓励他们大胆发言、勇于质疑。对学生的提问和回答，教师应给予积极的反馈和鼓励，即使他们的想法不够成熟或存在错误，也应以引导和启发的方式帮助他们纠正和完善。教师还可以组织一些小组合作学习和讨论活动，让学生在交流中相互启发、共同进步。

四要注重培养学生的自主学习能力和自我管理能力。强调学生的主体地位，不仅意味着要让他们在课堂上积极参与、主动思考，而且意味着要培养他们的自主学习能力和自我管理能力。这样，他们才能在课余时间也能有效地进行数学学习，不断提升自己的数学素养。在初中数学教学中，教师可以通过布置一些探究性的学习任务，引导学生自主查阅资料、分析问题、解决问题。在这个过程中，学生不仅能够学到数学知识，而且能够学会如何获取信息、如何处理信息、如何与他人合作等技能。教师还应教会学生一些如何制订学习计划、如何合理安排时间、如何监控自己的学习进度等自我管理的技巧。

强调学生的主体地位，对激发学生的学习主动性、提高他们的学习效果和自我管理能力具有极其重要的意义，让他们在数学的海洋中自由遨游，不断探索、不断成长。

四、注重教师的专业发展，提升"教—学—评"一致性的实施能力

"教—学—评"一致性已成为提升教学质量、促进学生全面发展的关键理念。日本"教—学—评一体化"教学评价体系的成功实施，得益于其教师队伍的专业化发展。这一成功经验为我国初中数学教学提供了宝贵的启示：要真正实现"教—学—评"一致性，必须注重教师的专业发展，全面提升他们实施这一理念的能力。

一要加强教师培训，奠定"教—学—评"一致性的实施基础。政府和教育部门应充分认识到教师在"教—学—评"一致性实施中的核心作用，定期为教师提供全面、系统的专业培训。这些培训不仅应涵盖最新的教育理念、教学方法，而且应特别强调评价技术的掌握和运用。对初中数学教师而言，他们需要深入了解数学学科的特点和

学生的学习需求，学会如何根据教学目标设计合理的评价任务，如何运用多元化的评价方式全面反映学生的学习情况，以及如何根据评价结果及时调整教学策略，确保教学与评价的一致性。在培训过程中，应注重理论与实践相结合，通过案例分析、教学观摩、小组讨论等多种形式，帮助教师将所学知识应用于实际教学中，提升他们的教学能力和评价技能。同时，还应鼓励教师积极参与教育科研活动，探索“教—学—评”一致性的新路径、新方法，为教学改革贡献智慧和力量。

二要建立教师评价和激励机制，激发教师的内在动力。学校作为教师教学的主阵地，应建立完善的教师评价和激励机制，为教师的“教—学—评”一致性实践提供有力支持。评价机制应既注重结果也注重过程，既关注教师的教学成果也关注他们的教学态度、教学方法和创新精神。通过定期的教学评估、学生反馈、同行评价等多种方式，全面、客观地了解教师的教学情况，为他们提供有针对性的改进建议和发展方向。激励机制则应充分体现教师的劳动价值和职业尊严，通过表彰优秀、奖励创新、晋升职称等多种方式，激发教师的工作热情和创造力。特别是对那些在“教—学—评”一致性实践中表现突出的教师，应给予充分的肯定和奖励，鼓励他们继续探索和实践，为教学改革树立榜样和标杆。

三要注重教师之间的合作与交流，构建学习型组织。“教—学—评”一致性的实施需要教师的共同努力和智慧碰撞。学校应积极搭建教师合作与交流的平台，如定期组织教学研讨会、教学观摩活动、教学经验分享会等，让教师在相互学习中共同进步，还应鼓励教师跨学科、跨年级的合作与交流，拓宽他们的视野和思路，为“教—学—评”一致性的实施注入新的活力和动力。

“教—学—评”一致性是国际教育改革的重要趋势之一，它强调了教学、学习与评价之间的紧密联系和相互促进。美国、英国和日本等国的先进经验和做法为我国在初中数学教学中应用“教—学—评”一致性提供了宝贵的借鉴启示。今后教师应继续深入探索和实践“教—学—评”一致性的理念和方法，不断完善评价体系和教学机制，还应借鉴他国的成功经验，为提升教育质量和促进学生全面发展做出更大贡献。

第3章 “教—学—评”一致性的理念解析

“教—学—评”一致性作为教育领域中的一个核心理念，正逐步成为提升教学质量、促进学生全面发展的重要支柱。这一理念的提出，不仅是对传统教育模式的深刻反思，更是对未来教育发展方向的积极探索。本章将深入解析“教—学—评”一致性的理念内涵、特点及其在教育领域中的重要性，为后续章节的展开奠定坚实的理论基础。

首先，理念研究是认识事物本质的基础。在教育领域，每一个核心理念都承载着对教育现象、教育过程和教育结果的深刻理解和把握。对“教—学—评”一致性这个核心理念的研究有助于我们深入理解教学过程中的各个环节如何相互作用、相互影响，从而揭示教育的本质和规律。通过深入研究“教—学—评”一致性的理念，我们可以更加清晰地认识到教学过程中的目标设定、内容选择、方法运用和评价反馈是如何相互关联、相互促进的，进而为教学实践提供理论指导。其次，理念研究是提高研究实效的关键。在教育研究中，明确、清晰的理念界定是确保研究科学性和有效性的前提。对“教—学—评”一致性这一核心理念的研究，不仅有助于我们构建系统的理论框架，而且能为教育实践提供可操作性的指导。通过明确“教—学—评”一致性的内涵、特点和实施策略，我们可以更加精准地定位研究问题、设计研究方案、收集和分析数据，从而提高研究的针对性和实效性。最后，理念研究有助于推动教育改革。教育改革是一个复杂而艰巨的任务，需要我们在深入理解教育本质和规律的基础上，提出切实可行的改革方案。“教—学—评”一致性作为教育改革的一个重要方向，对其研究有助于我们把握教育改革的重点和难点，为制订科学合理的改革政策提供理论依据和实践指导。深入研究“教—学—评”一致性，我们可以更好地推动教育教学方式的转变，提高教育教学的质量和效率，为学生的全面发展创造更加有利的条件。

研究“教—学—评”一致性，必须先研究这一理念的内涵、特点，尤其需要研究教学、学习、评价三者之间的内在联系。从理论层面来看，“教—学—评”一致性是对传统教学理念的深化和拓展，强调评价与教学目标的紧密关联，将评价视为教学过程中的一个重要环节，通过评价来反馈教学效果，进而调整教学策略，形成良性循环。从实践层面来看，“教—学—评”一致性强调，通过明确的教学目标、合理的教学内容、科学的教学方法和全面的评价方式，确保教学活动的各个环节能够相互支持、相互促进，从而提升教学质量。

第 1 节 “教—学—评”一致性的理念内涵及特点

“教—学—评”一致性是当代教育评价改革的核心原则，是教学目标、教学活动与教学评价三个维度在育人方向上保持内在统一的教育机制，其内涵可从三个层面解析：在目标导向上，要求将课程标准的育人目标转化为具体的教学目标，并贯穿于教学全过程；在实施过程中，强调教学活动设计与评价任务开发必须与既定目标形成呼应，确保课堂实践不偏离预设方向；在评价维度上，主张评价标准与教学目标精准对接，评价方式能真实反映目标达成度，形成“以评促学”的良性循环。

这一理念突破传统教学中教学、学习和评价割裂的弊端，通过构建三位一体的闭环系统，推动教育过程从知识传授转向素养培养，其本质是以学生发展为中心，要求教师具备目标分解、逆向设计和过程评估的专业能力，使课堂形成“目标引领—活动落实—评价验证”的动态平衡。在深化核心素养培育的教育改革背景下，“教—学—评”一致性已成为优化课堂教学结构、提升育人质量的关键路径，标志着教育评价从结果鉴定转向过程改进的范式转型。

“教—学—评”一致性强调教学、学习和评价三者之间的紧密联系和相互促进。在初中数学教学中，这一理念不仅有助于提升教学质量，而且能激发学生的学习兴趣和主动性，培养他们的数学思维和解决问题的能力。本节将结合初中数学教学的具体内容，深入阐述“教—学—评”一致性的理念内涵及特点。

一、基于目标的统一性：明确目标，引领教学

“教—学—评”一致性的本质在于构建以目标为导向的闭环教学系统。在初中数学课程实施中，这种一致性首先体现为“三位一体的目标统整”——教学目标、学习活动与评估标准必须构成严密的逻辑闭环。以人教版“一次函数”单元为例，教师依据《义务教育数学课程标准（2022 年版）》中“建立函数模型解决实际问题”的核心要求，将目标细化为三维度：概念理解（函数解析式特征）、技能掌握（图象绘制与性质分析）、应用迁移（实际问题建模）。这三个层级目标并非孤立存在，而是通过逆向教学设计形成能力进阶图谱。

在目标统摄下，教学活动转化为目标达成的具体路径。教师采用“现象抽象化”策略，通过共享单车计费、水箱水位变化等真实情境，引导学生在问题解决中建构函数概念；运用 GeoGebra 或几何画板等软件动态演示突破“参数 k 和 b 对图象影响”的认知难点，实现性质探究的可视化；设计梯度式问题链（基础作图→参数分析→方案设计），促进思维从程序性操作向策略性应用跃迁。特别需要强调的是，每个教学环

节都嵌入了形成性评估：概念建构环节通过思维导图诊断理解偏差，技能训练环节借助课堂实操记录分析错误类型，应用环节则采用"SOLO"（Structure of the Observed Learning Outcome）分类评价法衡量建模水平。

评价体系在此过程中发挥着双重功能：既作为目标达成的检测工具，更是学习过程的改进支架。除传统的单元测试外，教师可设计表现性评价任务，如"设计最优话费套餐方案"，通过真实问题解决考查目标达成度。这种"目标—教学—评估"的深度耦合，不仅确保了三者内在逻辑的一致性，更推动教学从知识传递转向素养生成。以下提供"一次函数的图象和性质"教学设计供读者参考。

【案例一】 "一次函数的图象和性质"教学设计

一、内容和内容分析

（一）内容

"一次函数"（第二课时）。

（二）内容分析

函数是数学领域中最重要的内容之一，也是刻画和研究现实世界变化规律的重要模型。它反映了数量之间的对应规律，是研究数量关系的重要工具。

一次函数的学习建立在学生已经学习了平面直角坐标系、变量与函数的基础上，并且具备了探究正比例函数及其图象和性质的数学活动经验。本节课是"一次函数"的第二课时，主要研究一次函数图象的形状、画法，并结合图象分析一次函数的性质。一次函数既是正比例函数的图象和性质的拓展，又是继续学习"用函数观点看方程（组）与不等式"的基础，通过一次函数的学习为今后其他函数的学习提供了一种研究的模式。

二、教学目标及依据分析

本节课在类比正比例函数的学习经验的基础上，从下面两个方面进行教学。

1. 从"数"探"形"： 学生在学习一次函数的图象之前已经学习了函数的图象和正比例函数，掌握了画函数图象的基本方法——描点法，因此，对运用列表、描点、连线画出一次函数的近似图象并不生疏，但是对一次函数的图象为一条直线的理解则是本节课的内容，所以，教学时在学生动手画图象的基础上，通过对一次函数与正比例函数解析式的分析比较，表格数据的分析比较，使学生从数的角度思考 k，b 对函数图象的影响。

2. 从"形"思"数"： 通过对图象的研究和分析，思考一次函数 $y=kx+b$（$k\neq0$）中 k 的正负对函数增减性（图象的变化趋势）的影响，b 的取值对图象与 y 轴交点的影响，深刻领会函数解析式与函数图象之间的联系，渗透数形结合的思想；同时结合一次函数 $y=kx+b$（$k\neq0$）的图象与正比例函数 $y=kx$（$k\neq0$）图象之间的关系类比得出一次函数的性质。

在此分析的基础上，制订如下教学目标：

1. 知识与技能： 掌握一次函数的图象特征和性质，理解一次函数与正比例函数的内在联系。

2. 思想方法： 借鉴正比例函数的学习经验，通过类比探究一次函数图象和性质，在此过程中，学会用数形结合思想、分类讨论方法来分析问题和解决问题，体会从特殊到一般的研究问题的方法，体验“观察→猜想→验证→思考→应用”的数学学习过程。

3. 核心素养表现： 培养学生的数学运算、逻辑推理、数学抽象和直观想象等核心素养，让学生感受从“数”探“形”、从“形”思“数”的思考方法，体会数学的内在思维价值，并在探究的过程中提高学生动手实践的能力和与他人交流合作的意识。

三、教学重难点确定与分析

教学重点： ①理解一次函数与正比例函数的内在联系，理解一次函数图象的特征；②理解 k 与 b 的几何意义。

教学难点： 体会“以数定形，以形助数”的思维方式。

学生对通过具体函数图象猜想一次函数图象的形状和 k 的正负对函数图象的变化趋势和函数性质的影响并不困难，但是学生容易停留在只从“形”的角度认识一次函数的图象和性质，不会用函数和变量去思考问题，即从“数”——解析式的角度加深对一次函数理解。所以，教师在进行教学时，着力在对“以数定形，以形助数”的思维方式的引导，以此加深学生对数形结合思想的体会，使学生逐步建立运用数学思想分析问题、解决问题的意识，进而提高数学解题能力。

四、教法与学法分析

根据本节课的教材内容特点，为了更直观、形象地突出重点、突破难点，提高课堂效率，采用以实践探索为主、多媒体演示为辅的教学组织形式。在教学过程中，通过设置带有探究性的问题，创设问题情境，引导学生动手实践探索，发现归纳结论。利用计算机的几何画板软件绘制函数图象，让学生亲身体验知识的产生、发展和思维的形成过程。

五、教学过程设计

问题与情境	师生行为	设计意图
1. 温故引新，类比猜想 【互动小游戏】 (1) 观式画图：任给一个正比例函数的解析式，请你画出它的大致图象； (2) 看图写式：请根据所给图象，写出一个符合图象特征的解析式。 问题 1：从上面的活动中，想一想我们可以从哪些方面来认识正比例函数？	教师提出问题，由学生口答之后，通过生生互评、师生共评，纠正出现的问题。	复习、巩固正比例函数的图象和性质。

续表

<table>
<tr><th>问题与情境</th><th>师生行为</th><th>设计意图</th></tr>
<tr><td>正比例函数 $y=kx(k\neq0)$ 的图象是一条经过原点的直线，我们可以从"数"与"形"两个角度进行观察与思考：
"数"（看 k 值）$\underset{以形助数}{\overset{以数定形}{\rightleftharpoons}}$"形"（看趋势）
$k>0\longleftrightarrow$ 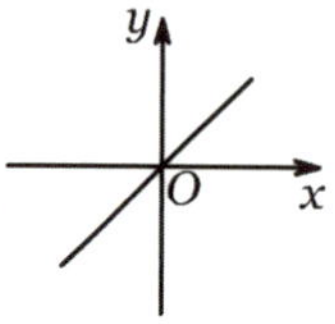

$k<0\longleftrightarrow$ 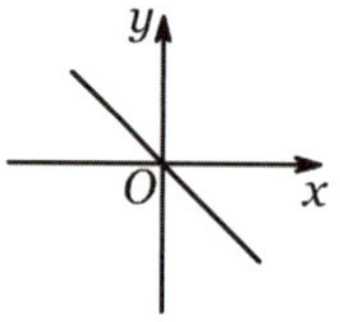

问题 2：借鉴研究正比例函数的方法，我们该如何更全面地了解一次函数？
正比例函数是特殊的一次函数，因此对一次函数，我们一样可从"数"与"形"两个角度进行思考：
（第一课时）"数"（解析式）的变化：
正比例函数　$y=kx(k\neq0)$　（特殊）
↓
一次函数　$y=kx+b(k\neq0)$　（一般）
那么"数"的变化对"形"（图象）有哪些影响？我们能否借鉴研究正比例函数的方法来探究一次函数的性质、特征呢？
（引出课题）</td><td>教师提出问题，由学生口答之后，通过生生互评、师生共评，归纳思路。</td><td>引导学生梳理观察函数的两个基本角度：一是"数"（解析式），二是"形"（图象）。</td></tr>
<tr><td>2. 追根溯源，类比探究
【例 1】探究：一次函数 $y=2x+1$ 的图象和性质。
探究方向（一）：从"数"探"形"
【思路】观察→猜想→验证→思考→归纳→应用。</td><td></td><td>通过数学活动，初步感知一次函数的图象，并积累数学活动经验。</td></tr>
</table>

续表

<table>
<tr><th>问题与情境</th><th>师生行为</th><th>设计意图</th></tr>
<tr>
<td>

观察： 与正比例函数 $y=2x$ 对比，k 相同，b 不同。

猜想： 一次函数 $y=2x+1$ 的图象也是一条直线。

直观验证： ①列表；②描点；③连线。

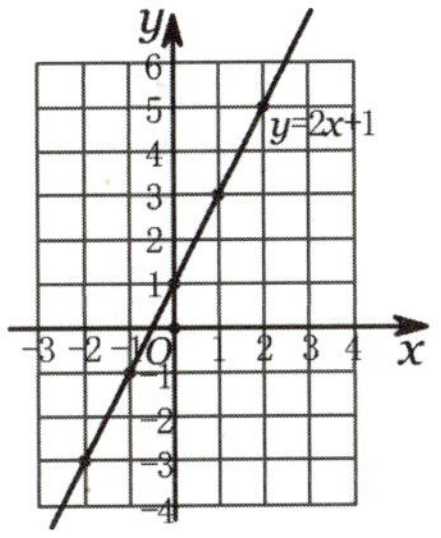

“数”的思考： “形”是由“数”转化而来的，我们可以从解析式入手，从表格中分析，追根溯源：

①从左到右看，当 x 的值每增加 1，y 的值如何变化？这个变化与什么有关？

②从上向下看，对 x 的每一个值，y 的值如何变化？这个变化与什么有关？

③函数图象上的点是怎么生成的？从①、②的分析，我们如何从“数”的变化来思考“形”的变化呢？

解析式与表格比较：

<table>
<tr><td>x</td><td>-2</td><td>-1</td><td>0</td><td>1</td><td>2</td></tr>
<tr><td>$y=2x$</td><td>-4</td><td>-2</td><td>0</td><td>2</td><td>4</td></tr>
<tr><td>$y=2x+1$</td><td>-3</td><td>-1</td><td>1</td><td>3</td><td>5</td></tr>
</table>

</td>
<td>

教师提出问题。

学生列表，描点，画图，然后由图象猜想函数 $y=2x+1$ 的图象为直线。

学生观察解析式与表格，思考函数图象的生成规律，从中整理、归纳得出函数 $y=2x$ 与 $y=2x+1$ 的图象之间的关系。

</td>
<td>

（1）从列表、描点、连线开始，让学生在动手操作的过程中从“形”的角度感知一次函数的图象的形状，让学生在描点的过程中感受正比例函数与一次函数图象之间的位置关系。

（2）引导学生通过比较解析式，发现两个解析式仅在常数项上有区别，其他部分完全相同，因此，对自变量的任一值，这两个函数相应的值总差同一个常数。这反映在图象上，就是在横坐标相同的情况下，两个函数图象上对应的纵坐标总差同一个值，即将正比例函数的图象经过向上或向下的平移得到相应的一次函数的图象。由此，引导学生从“数”的角度认识一次函数图象，进而在理解正比例函数图象的基础上来认识一般的一次函数的图象。

</td>
</tr>
</table>

续表

问题与情境	师生行为	设计意图
图象比较： 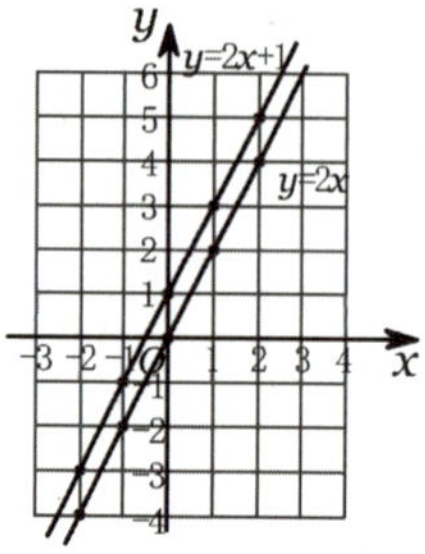 通过上面的分析，我们可知： ①一次函数 $y=2x+1$ 的图象是一条直线，它与直线 $y=2x$ 平行（k 的值都为2），即这两条直线的倾斜程度相同； ②一次函数 $y=2x+1$ 的图象可以看作由直线 $y=2x$ 向上平移1个单位长度而得到（b 由0到1）； ③一次函数 $y=2x+1$ 的图象经过第一、二、三象限，与 y 轴交于点（0，1），与 x 轴交于点$\left(-\frac{1}{2}，0\right)$。	师生一起总结、归纳，形成结论。	（3）将以前学过的平移与现在讨论的函数图象联系起来，增强学生对函数 $y=kx+b$ 与函数 $y=kx$ 的认识，让学生体会数形结合思想的应用。
问题3：一次函数 $y=kx+b$ 的图象是什么形状？它与直线 $y=kx$ 具有怎样的位置关系？ 【归纳】对一次函数 $y=kx+b$： （1）一次函数 $y=kx+b$ 的图象是一条直线； （2）由直线 $y=kx$ 平移 $\|b\|$ 个单位长度得到直线 $y=kx+b$（当 $b>0$ 时，向上平移；当 $b<0$ 时，向下平移）。	教师提出问题，学生讨论、交流与发言，师生共同探讨结论。	

续表

问题与情境	师生行为	设计意图
【应用】请写出一对倾斜程度相同的一次函数与正比例函数的解析式。 (1) 画出它们的图象，并说说你画图的思路； 思路 1：两点法；思路 2：平移法。 (2) 你怎样描述你画的图象？ 图象特征：①经过的象限；②与坐标轴的交点。	教师用几何画板演示、生成函数的图象。 学生观察、交流、讨论，师生共同归纳函数图象与 k，b 之间的联系，进而总结一次函数的性质。	通过展示学生的不同画法，找到简便的画法，让学生理解一次函数的图象特征。
探究方向（二）：从“形”思“数” **问题 4：**我们知“数”可定“形”，那么从“形”能得到“数”的信息吗？ **【例 2】**观察下列各组函数的图象，从中我们可以发现什么规律？(用几何画板展示) (1) $y=\frac{1}{2}x+1$，$y=4x+1$，$y=10x+1$； (2) $y=-\frac{1}{2}x+1$，$y=-4x+1$，$y=-10x+1$； (3) $y=-3x+3$，$y=-3x$，$y=-3x-2$。	学生讨论、交流对问题理解与认识，教师引导信息的转化。	让学生经历画图——类比——归纳的数学活动过程。 让学生通过观察直观地得到一次函数 y 随 x 的变化而变化的情况以及 k 的正负对函数图象的影响，培养学生观察分析的能力和从图象中获取信息的能力。
类比正比例函数的学习经验，我们可以发现： (1) 当 $k>0$ 时，直线从左向右上升；当 $k<0$ 时，直线从左向右下降； (2) 若 $\|k\|$ 的值越大，直线越倾斜；反之，越平缓； (3) 若 k 的值相等，b 不相等，则直线互相平行； (4) 若 b 的值相等，则直线与 y 轴交点位置相同。		通过类比正比例函数的性质，加深对一次函数 y 随 x 的变化而变化的情况的理解。

续表

问题与情境	师生行为	设计意图
问题 5：我们能将上述得到的图象信息用数学的文字语言来表达我们对数学的理解与思考吗？ **【语言转化】** "从左向右"→ x 的值增大； "上升（下降）"→ y 的值增大（减小）。 **【归纳】**一次函数 $y=kx+b$ 的性质： 当 $k>0$ 时，y 随 x 的增大而增大； 当 $k<0$ 时，y 随 x 的增大而减小。		
3. 巩固应用，思维延伸 已知直线 $y=2x-3$。 (1) 图象经过第______象限，y 随 x 的增大而______； (2) 与 x 轴的交点坐标为______，与 y 轴的交点坐标为______； (3) 图象可由直线 $y=2x$ 向____平移____个单位长度得到。 **变式 1**：若将直线 $y=2x-3$ 向上平移 5 个单位长度，我们能确定函数的解析式吗？想一想。 **变式 2**：如图，请写出一个符合下图所示的图形特征的解析式。 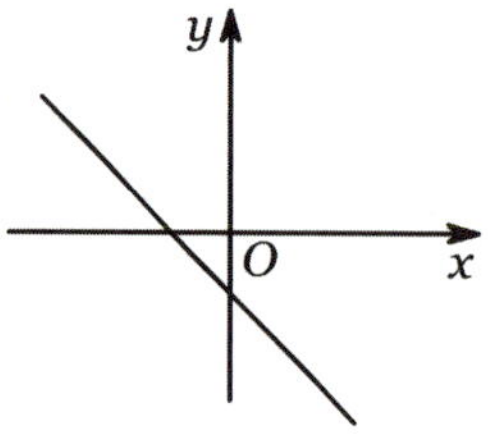	学生独立完成，教师检查，了解学生对知识的掌握情况。 师生共评，及时纠正学生的错误。 教师重点关注： (1) 学生在练习中反映出的问题，有针对性地讲解； (2) 学生对数形结合思想的掌握与运用。	通过一系列的练习，可以实现知识向能力的转化。学生在尝试运用一次函数的图象和性质解决问题的过程中，进一步加深了对一次函数的图象和性质的理解。同时训练学生运用数形结合思想解决问题的意识和能力。

续表

问题与情境	师生行为	设计意图
4. 归纳小结，回归本源 （1）我们如何理解函数的图象与解析式之间的内在联系？ （2）如果给你一个新的函数，我们该如何去了解它？	教师引导学生归纳总结本节课所学的知识。 学生梳理本节课的知识结构，品味数形结合思想和分类讨论思想的运用，从中增强学生的数学表达能力，掌握类比探究的学习方法。	课堂小结不仅可以使学生从总体上把握知识，强化对知识的理解和记忆，还可以培养学生的数学语言表达能力，引导学生积极地参与总结，提高独立分析和自主小结的能力，使学生对一次函数的图象和性质有一个全面认识，提高对数学思想方法的认识和运用。 通过明确教学目标、设计与目标一致的教学过程和评价方式，能够确保教学评的一致性，从而提高教学效果。
5. 成就优秀 （相信自己!）书本练习题，具体题目略。 （挑战自己!）书本练习题，具体题目略。 （超越自我!）探究函数 $y=x^2$ 的图象和性质。	教师用课件展示作业内容。 分层作业，激励学生，让不同的学生都能得到发展与提高。 （1）通过“相信自己”作业，让学生巩固落实课堂所学的知识；	通过这三类分层作业，满足不同学生的学习能力和需求，让每个学生都能在自己合适的位置上得到锻炼与发展，激发他们的学习积极性，最终实现全体学生的共同发展与提高，整个

续表

问题与情境	师生行为	设计意图
	（2）通过"挑战自己"作业，让学生更深入了解本节课知识的内涵； （3）通过"超越自我"作业，让学生形成思维，探究新问题。	作业设计与教学目标（学生发展提高）紧密相连，评价方式（作业完成情况）也围绕此目标展开，最终让学生学会研究函数的方法和手段才是我们终极目标，确保了教学评的一致性。

二、教学过程的互动性：师生互动，共同探索

"教—学—评"一致性理念对教学过程的互动性不仅体现在教学组织形式的表层改变，更指向教育生态的系统性重构。基于社会建构主义理论和最近发展区原理，互动性教学本质上是知识建构的社会化过程，其核心在于通过多维对话激活学生的认知方式，在动态交互中实现知识的意义生成与素养的内化发展。这种互动性特质在初中数学课堂中具有特殊价值：数学学科严密的逻辑体系需要学习者通过思维碰撞突破认知边界，抽象的符号系统依赖具体情境中的对话实现具象转化，严谨的推理过程更需在协作探究中完成思维建模。

首先，互动性教学的三维建构框架。例如，在"三角形全等的判定"的教学实践中，教师可构建"认知互动—社会互动—元认知互动"的三维框架。认知层面通过阶梯式问题链驱动思维进阶：从"全等三角形有哪些直观特征"的观察性提问，到"如何用最少条件判定全等"的探究性追问，再到"SSA 为何不能作为判定依据"和"有五个元素相等的两个三角形也不一定全等"的批判性设问，形成螺旋上升的认知互动轨迹。社会互动维度采用"拼图式合作学习"：将判定定理拆解为 SSS、SAS、ASA 三个模块，分组完成专项探究后重组为"专家小组"，通过跨组讲授构建完整的知识网络。元认知互动体现为解题过程中的"出声思考"：要求学生在尺规作图时同步口述操作逻辑，教师通过"为何先确定顶点位置""如何保证对应边相等"等问题的追问，促使学生显化内隐思维过程。

其次，生成性对话的深度教学策略。互动性教学的关键在于营造生成性对话场域。教师可运用"认知冲突策略"创设矛盾情境：展示两组边角元素相同但形状迥异的三

角形，引发学生对 SSA 条件的质疑；采用“苏格拉底式诘问”引导概念辨析：“对应相等与顺序相同在判定中有何区别”；实施“思维可视化技术”：利用几何画板动态演示不同元素组合对图形确定性的影响，将抽象的逻辑关系转化为可观察的互动过程。在此过程中，教师的角色从知识传授者转变为思维“助产士”，通过精准的介入时机（当学生出现思维停滞时）和适切的支架搭建（提供半结构化探究指南），推动学生的认知从经验判断向逻辑证明跃迁。

再次，浸润式评价的多元实现路径。互动性教学催生浸润式评价体系的构建，其特征表现为评价主体的多元性、评价时机的过程性和评价维度的立体化。例如，在“三角形的判定”单元中，可设计三层评价体系：基础层通过即时反馈系统（如课堂应答器）检测概念理解度；发展层采用表现性评价量表，从几何直观、推理能力、合作效能三个维度记录小组探究过程；创造层设置开放性实践任务（如设计公园三角形花坛全等方案），评估知识迁移能力。特别需要创新“对话式评价”机制：在解题过程中插入“同伴互评圈”，要求学生交换证明过程并标注逻辑漏洞；开展“反思性日志”撰写，引导梳理判定定理间的内在联系。这些评价方式与教学活动深度嵌套，形成“教学—评价—改进”的实时互动循环。

最后，互动效能的影响机制与提升策略。教学互动质量的提升依赖关键要素的系统优化。空间布局上，采用可重组桌椅创设“探究岛”，便于开展多形态交互活动；技术支持方面，整合智慧教育平台实现思维过程的可视化共享；教师能力维度，需专项训练追问艺术和理答技巧，培养从学生错误中捕捉教学契机的专业敏感性。研究表明，当课堂互动频次达到每 10 分钟 6～8 次、有效问题占比超过 60%、学生话语时间比例超过 35%时，能显著提升概念理解深度和问题解决能力。这种深度互动带来的教育成效是显性的：在实验班级中，学生不仅能够准确运用判定定理，更能自主归纳不同定理间的逻辑关系，在解决非常规几何问题时展现出显著的策略创新意识。更深远的影响在于，互动性教学重构了数学课堂的文化基因——知识不再是静待传授的客体，而是师生共同探险的发现之旅。这种教学范式的转型，正是核心素养导向下“教—学—评”一致性理念落地生根的最佳注脚，标志着数学教育从“知识传递”向“思维生长”的范式跃迁。

三、评价方式的多样性：多元评价，全面发展

“教—学—评”一致性强调评价方式的多样性。评价不再仅仅是简单的对错判断，而是应采用多种评价方式，全面、客观地反映学生的学习情况和思维能力。在初中数学教学中，评价方式的多样性尤为重要。数学是一门需要理解和应用的学科，仅仅通过测试和作业来评价学生的学习效果是远远不够的。因此，教师应采用多种评价方式，如课堂观察、口头提问、小组讨论、项目作业等，来全面评价学生的学习情况和思维

能力。例如，在“二次函数”的教学中，教师可以通过课堂观察来评价学生对二次函数图象和性质的理解程度；通过口头提问来检验学生对二次函数概念的掌握情况；通过小组讨论来评价学生的合作能力和思维碰撞；通过项目作业来让学生运用二次函数解决实际问题，从而评价他们的应用能力和创新思维。

这种多样性的评价方式，不仅能够更全面地反映学生的学习情况，而且能激发他们的学习兴趣和主动性。学生能够在不同的评价方式中展示自己的优势和特长，从而增强自信心和学习动力。教师也能通过多种评价方式来了解学生的学习需求和思维难点，从而更有针对性地调整教学策略和方法。

四、持续改进的循环性：反馈调整，不断提升

“教—学—评”一致性的最后一个内涵是持续改进的循环性。教学、学习和评价是一个持续改进的循环过程。通过评价反馈，教师可以了解教学效果，调整教学策略；学生也可以了解自己的学习情况，改进学习方法。在初中数学教学中，这种持续改进的循环性尤为重要。数学是一门需要不断练习和思考的学科，学生需要通过不断的反馈和调整来增强自己的学习效果，提升自己的思维能力。因此，教师应定期组织测试和作业，及时了解学生的学习情况和思维难点，并给予针对性的反馈和指导。学生也应积极参与课堂讨论和小组合作，通过与他人的交流和合作来发现自己的不足和改进的方向。例如，在“相似三角形的性质”的教学中，教师可以通过测试来了解学生对相似三角形性质的掌握情况；通过作业来检验学生运用相似三角形性质解决问题的能力；通过课堂讨论来引导学生深入思考相似三角形在实际生活中的应用。教师根据评价反馈情况，调整教学策略和方法，如增加相似三角形的实例讲解、设计更多运用相似三角形性质解决问题的练习题等。学生也可以根据自己的学习情况，改进学习方法。

总之，“教—学—评”一致性是现代教育理念中的重要组成部分。在初中数学教学中，这一理念有助于提升教学质量、激发学生的学习兴趣和主动性、培养他们的数学思维和解决问题的能力。通过明确目标、互动教学、多元评价和持续改进，教师可以实现教学、学习和评价的一致性，为学生的全面发展提供有力的支持。

第 2 节　“教—学—评”一致性的整体视角

在“教—学—评”一致性的理念下，教学、学习和评价三者之间存在着密切的内在联系和相互作用。它们共同构成了一个闭环的教学系统，相互促进、相互制约，共同推动着教学活动的持续进步和发展。

一、教学引导学习

教学、学习和评价如同三根紧密相连的纽带，其中教学作为学生学习的主要来源和途径，其地位举足轻重。在“教—学—评”一致性的理念下，教师的教学不再仅仅是知识的灌输，而是成为引导学生积极参与、主动探索的明灯，简言之，教学引导学习。

（一）教学引导学习体现在教学目标和内容的科学设计上

教师需要根据课程标准和学生的实际情况，制订明确、具体的教学目标，并围绕这些目标设计科学合理的教学活动。在初中数学教学中，这意味着教师要深入理解每一个知识点的内涵与外延，把握其与学生认知发展的契合点，从而设计出既符合教学要求又能激发学生兴趣的教学活动。以“平面直角坐标系”的教学为例，教师可以巧妙地创设问题情境，如地图定位、游戏设计等情境，这些都是学生熟悉且感兴趣的内容，将抽象的数学概念与现实生活紧密相连。当教师引导学生运用平面直角坐标系的知识来解决这些问题时，学生不仅能够感受到数学的实用性，而且能在解决问题的过程中锻炼自己的思维能力和创新能力。

（二）教学引导学习体现在教学方法的灵活应用上

教学引导学习的精髓，在于教学方法的灵活多样。教师应彻底摒弃传统的填鸭式教学，转而采用启发式、探究式等富有创新性的教学方法，激发学生的求知欲和探索精神。例如，在“平面直角坐标系”的教学中，教师可以通过精心设计问题，引导学生思考坐标系的木质；通过热烈的讨论，让学生碰撞出思维的火花；通过小组合作，培养学生的团队协作能力和沟通能力。这些多样化的教学方法，不仅使学生更加深入地理解了坐标系的构成和点的坐标表示方法，而且让他们在实践中体会到坐标系在解决实际问题中的作用。这样的教学方式，无疑激发了学生的学习兴趣，也为他们的全面发展奠定了坚实的基础。

（三）教学引导学习强调评价与反馈的及时性和有效性

在“教—学—评”一致性的理念指引下，评价已不再是教学的边缘角色，而是与教学、学习紧密相连，共同构成教育过程的三大支柱。教师需充分利用课堂观察这一直观手段细致捕捉学生的学习动态，通过作业批改深入了解学生对知识的掌握程度，定期进行测试评估，全面把握学生的学习成效。这一评价与反馈机制，如同教育的“导航仪”，能够迅速准确地指出学生在学习中的偏差与不足。及时的反馈，使学生得以迅速纠正错误，避免知识盲点的累积。针对性的指导，能激发学生的学习动力，激励他们不断攀登知识的高峰，追求卓越。如此，教学引导学习之路方能更加顺畅，学生的成长与进步也将更加显著。

教学在“教—学—评”一致性的理念下，扮演着引导学生学习、促进他们全面发展的关键角色。通过科学合理的教学活动设计、灵活多样的教学方法运用以及及时有效的评价与反馈机制，教师的教学不仅传授了知识，更培养了学生的思维能力、创新能力和实际应用能力，为他们的未来成长奠定了坚实的基础。

二、学习促进评价

在“教—学—评”一致性的理念下，教学、学习和评价被紧密地联系在一起，形成了一个相互依存、相互促进的有机整体。其中，学习不仅是评价的基础和前提，更是推动评价不断发展和完善的内在动力。以下从学习如何促进评价的角度出发，深入探讨在初中数学教学中，学习成果如何成为评价的主要内容，以及如何通过多样化的评价方式全面了解学生的学习情况，进而激发学生的学习动力和积极性，促进他们的持续进步和发展。

（一）学习成果：评价的核心内容

在“教—学—评”一致性的理念下，学生的学习成果成为评价的主要内容。这不仅仅是对学生知识掌握程度的检验，更是对他们的思维能力、创新能力以及实际应用能力的全面考查。通过评价，教师可以直观地了解学生在某一知识点或技能上的掌握情况，进而为后续的教学提供有针对性的指导和支持。以“平面直角坐标系”的教学为例，学生在学习平面直角坐标系时，不仅要掌握坐标系的构成和点的坐标表示方法，而且要能够运用这些知识解决实际问题。因此，在评价过程中，教师不仅要关注学生的答题正确率，更要考查他们能否将所学知识灵活运用于实际情境中，如地图定位、游戏设计等。这种综合性的评价方式，不仅能够全面反映学生的学习情况，而且能够促进他们在实际应用中的能力提升。

（二）多样化的评价方式：全面了解学生的学习情况

为了全面了解学生的学习情况，教师需要采用多样化的评价方式。这些评价方式不仅能够弥补传统笔试评价的不足，而且能够培养学生的表达能力和合作能力，为他们的全面发展提供有力支持。在初中数学教学中，除了传统的笔试评价，教师还可以采用口头报告、小组讨论、项目作业等方式评价学生的学习成果。例如，在“平面直角坐标系”的教学中，教师可以要求学生以小组为单位，设计一份关于坐标系应用的项目作业，如制作一份校园地图并标注各建筑物的坐标。在完成项目的过程中，学生需要运用所学知识进行实地测量、数据整理和分析，最终形成一份完整的报告。这种评价方式不仅能够考查学生的知识掌握情况，而且能够培养他们的团队协作、沟通协调以及问题解决能力。此外，教师可以采用口头报告的形式，让学生分享自己的学习心得和体会。在分享过程中，学生需要清晰地表达自己的观点和想法，这不仅能够锻炼他们的语言表达能力，而且能够促进他们之间的思想交流和碰撞。

（三）及时有效的反馈：激发学习动力和积极性

评价的目的不仅在于了解学生的学习情况，更在于激发他们的学习动力和积极性，促进他们的持续进步和发展。因此，在评价过程中，教师需要给予学生及时有效的反馈和指导。在初中数学教学中，教师可以通过课堂观察、作业批改和测试评估等方式，及时了解学生的学习动态和掌握情况。针对学生在学习中出现的问题和困难，教师需要给予及时的反馈和指导，帮助他们找到问题所在并制订相应的学习计划。例如，在平面直角坐标系的教学中，如果发现学生在坐标系的构成和点的坐标表示方法上存在混淆，教师可以针对性地设计一些练习题或提供讲解视频，帮助学生巩固和加深理解。除了针对具体问题的反馈，教师还需要给予学生肯定和鼓励，让他们感受到自己的进步和成长。这种正面的激励能够激发学生的学习动力和积极性，促进他们在学习中的持续投入，不断取得进步。

（四）评价与学习的相互促进：形成良性循环

在“教—学—评”一致性的理念下，评价和学习相互促进，形成了一个良性循环。通过评价，教师可以了解学生的学习情况，为教学提供有针对性的指导和支持；通过学习，学生可以不断提升自己的能力和水平，为评价提供更加丰富和多样的素材。在初中数学教学中，这种良性循环的体现尤为明显。例如，在“平面直角坐标系”的教学中，教师可以通过多样化的评价方式全面了解学生的学习情况，并根据评价结果调整教学策略和方法。学生也可以通过不断的学习和实践，提升自己的知识掌握能力和问题解决能力，为评价提供更加全面和深入的素材。这种相互促进的关系不仅有助于提升教学质量和效果，而且能够激发学生的学习动力和积极性，促进他们的全面发展。

学习在“教—学—评”一致性的理念下扮演着至关重要的角色。它不仅是评价的基础和前提，更是推动评价不断发展和完善的内在动力。通过多样化的评价方式、及时有效的反馈以及评价与学习的相互促进，教师可以全面了解学生的学习情况，激发他们的学习积极性，促进他们持续进步和发展。

三、评价反馈教学

评价是教学的重要环节和反馈机制。在“教—学—评”一致性的理念下，评价不仅是对学生学习成果的检验和总结，更是对教师教学效果的反馈和改进。通过评价，教师可以了解自己的教学方法和策略是否有效，是否存在需要改进的地方。这些反馈信息可以帮助教师及时调整教学策略和方法，提高教学效果，从而提高学生的学习质量。在“教—学—评”一致性的理念下，评价不再仅仅是对学生学习成果的简单检验和总结，更是对教师教学效果的深刻反馈和持续改进的驱动力。在初中数学教学中，评价成为教师调整教学策略、提高教学效果的有力工具。

（一）评价是反映教学效果的镜子

评价，犹如一面明镜，清晰地映照出教师教学的每一个细节与成效。在初中数学教学的舞台上，它不仅是衡量学生知识掌握程度的标尺，更是检验教师教学方法和策略有效性的试金石。在“教—学—评”一致性的指引下，评价不再孤立无援，而是与教学、学习紧密相连，共绘一幅相互促进、共同发展的画卷。当一个教学单元落下帷幕，教师可通过测试、作业、口头提问等多元评价方式，对学生的学习成果进行全面审视。这些评价结果，如同一份份详尽的报告，既展示了学生在各知识点上的掌握风貌，又揭示了他们在学习征途中的坎坷与挑战。教师据此调整教学策略，因材施教，确保每位学生都能在数学的海洋中扬帆远航，实现教学、学习、评价的和谐共生与共同进步。

（二）反馈是教师成长的阶梯

评价之所以重要，是因为它能够为教师提供宝贵的反馈信息。这些反馈信息，如同指路的明灯，引导教师审视自己的教学过程，发现其中的不足与瑕疵，进而为改进教学提供有力的依据。当教师在评价中发现学生在某个知识点上掌握得不够好时，这便是一个明确的信号，提示教师需要对该部分的教学内容进行重新审视和调整。教师可能会深入思考：是教学内容过于抽象，难以被学生理解？还是教学方法过于单一，无法激发学生的学习兴趣？或是教学节奏过快，导致学生无法跟上？基于这样的反思，教师应采取相应的措施来改进教学。他们可能会调整教学内容，使其更加贴近学生的生活实际，更加易于被学生接受和理解；他们可能会改变教学方法，引入更多的互动环节，激发学生的学习兴趣和参与度；他们还可能会加强个别辅导，针对学习困难的学生提供更具针对性的帮助和支持。

（三）持续改进是教学优化的手段

评价反馈教学的最终目的，是为了实现教学的持续改进和优化。在初中数学教学中，教师可以将评价结果作为后续教学设计和规划的重要依据。他们可以根据学生的掌握情况，合理地安排教学进度和难度，确保教学活动能够循序渐进、有条不紊地进行。教师还可以将评价结果作为自我成长和进步的阶梯。通过深入分析评价结果，教师可以更加清晰地认识到自己的教学优势和不足，进而为制订个人成长计划提供有力的支撑。他们可能会选择参加专业培训、阅读教育书籍、与同行交流等方式，不断提升自己的教学水平和专业素养。此外，教师可以将评价结果作为与家长沟通的重要桥梁。通过定期向家长反馈学生的学习情况和评价结果，教师可以与家长共同关注学生的成长和发展，形成家校共育的良好氛围。在“教—学—评”一致性的理念下，评价反馈教学的实践是一个不断探索和创新的过程。教师需要不断地尝试新的评价方法和技术，以更加全面、客观地反映学生的学习情况和教师的教学效果。例如，教师可以利用信息技术手段，开发在线测试系统、智能辅导系统等，为评价提供更加便捷、高效的工具。教师还需要不断地更新教学理念和方法，以适应不断变化的教育环境和学生需求。他们需要关注学生的学习兴趣和动机，注重培养学生的创新思维和实践能力，为评价提供更加丰富、多元的内容。

“教—学—评”一致性理念下的教学、学习和评价三者之间存在着密切的内在联系和相互作用。它们共同构成了一个闭环的教学系统，相互促进、相互制约，共同推动着教学活动的持续进步和发展。在初中数学教学中，教师应该深入理解和把握“教—学—评”一致性的理念和要求，将其贯穿于整个教学过程之中。通过明确教学目标、优化教学内容、创新教学方法和完善评价体系等措施的实践，教师可以有效地提高教学效果和学生的学习质量，促进学生的全面发展。

第 3 节 “教—学—评”一致性的内部联系

在初中数学教学实践中，“教—学—评”一致性是一个至关重要的教育理念，它强调教学、学习与评价三者之间的紧密关联和相互促进。本节将从“教与学”一致性、“教与评”一致性、“学与评”一致性三个部分，结合初中数学教学的具体实践，深入阐述“教—学—评”一致性的内部联系。

一、"教与学"一致性的阐释

（一）"教与学"一致性的内涵与实践

"教与学"一致性指教学的目标始终指向预期让学生取得的学习结果或达到的学业要求。在初中数学教学中，这意味着教师的教学设计必须紧密围绕学生的学习需求和认知特点展开。

一是教学目标与学习目标的对应。初中数学的教学目标通常包括知识与技能、过程与方法、情感态度与价值观三个方面。例如，在"一次函数"的教学中，教学目标设定如下：①理解一次函数的定义和图象；②掌握一次函数的性质和应用；③通过实际问题情境，培养分析问题和解决问题的能力。这些教学目标必须与学习目标相对应，即学生应该能够通过学习达到这些目标。在教学实践中，教师可以通过对预习作业的检查，课堂导入等方式，了解学生对一次函数的基础知识和认知程度，从而调整教学起点和难度。例如，如果发现学生对函数概念理解不清，教师可以在课堂导入环节增加对函数概念的复习和讲解，以确保学生能够顺利进入新课学习。

二是教学内容与课程标准的一致性。初中数学的教学内容必须严格遵循课程标准的要求。课程标准规定了学生在每个学段应该学习的内容、达到的水平以及评价方式。例如，在"一次函数"单元中，课程标准要求学生理解一次函数的图象和性质，并能够运用一次函数解决实际问题。教师在设计教学内容时，必须确保所教内容符合课程标准的要求。例如，在讲解"一次函数的图象"时，教师可以通过绘制图象、分析性质等方式，帮助学生深入理解一次函数的图象特征；在解决实际问题时，教师可以设计一些贴近学生生活的实际问题，让学生运用一次函数的知识进行解决。

三是教学过程与学生认知过程的契合。教学过程应该符合学生的认知过程，即由浅入深、由易到难、循序渐进。在初中数学教学中，教师可以通过提问、讨论、练习等方式，引导学生逐步深入理解数学知识。例如，在讲解"一次函数与方程的关系"时，教师可以先通过提问引导学生回顾一次函数和方程的基本概念，然后通过讨论和练习让学生理解一次函数与一元一次方程之间的关系。这种逐步深入的教学方式有助于学生更好地理解和掌握数学知识。

四是教学方式与学习方式的多样化。初中数学的教学方式应该多样化，以满足不同学生的学习需求。例如，教师可以通过讲授、演示、实验、讨论等多种方式进行教学，同时鼓励学生采用自主学习、合作学习、探究学习等多种学习方式。例如，在

“二次函数”的教学中，教师可以先通过讲授和演示的方式介绍二次函数的基本概念和图象特征，然后通过小组合作的方式让学生探究二次函数的性质和应用。这种多样化的教学方式有助于激发学生的学习兴趣和积极性，提升学生的学习效果。

（二）“学与教”一致性的内涵与实践

“学与教”一致性指学生的学习结果与教师的教学预期目标的吻合程度。在初中数学教学中，这意味着学生的学习进展应该与教师的教学计划保持同步，学生的学习态度、思维方式和学习方法也应该符合教师的教学要求。

一是学习结果与预期目标的吻合。学生的学习结果应该与教师的教学预期目标相吻合。例如，在学习“一次函数”单元后，学生应该能够理解一次函数的定义和图象，掌握一次函数的性质和应用，并能够运用一次函数解决实际问题。教师可以通过测试、作业、课堂表现等方式，评估学生的学习结果是否达到预期目标。如果发现学生的学习结果与预期目标存在偏差，教师应该及时分析原因，调整教学策略和教学方法。例如，如果发现学生对一次函数的图象特征理解不清，教师应该通过增加练习、提供辅导等方式，帮助学生弥补知识漏洞。

二是学习步调与教学进程的同步。学生的学习步调应该与教师的教学进程保持同步。在初中数学教学中，教师可以通过课堂管理、时间分配等方式，确保学生的学习步调与教师的教学进程相协调。例如，在讲解“二次函数的图象和性质”时，教师可以根据教学进度和学生的掌握情况，合理安排讲解、练习和讨论的时间。如果发现学生在某个知识点上掌握不牢固，教师应该适当延长讲解时间或增加练习次数，以确保学生能够跟上教学进程。

三是学习方式与教学方式的匹配。学生的学习方式应该与教师的教学方式相匹配。在初中数学教学中，教师可以通过引导、启发、鼓励等方式，帮助学生选择适合自己的学习方式。例如，在“平面直角坐标系”的教学中，教师可以先通过讲授和演示的方式介绍平面直角坐标系的基本概念和应用，然后通过小组合作的方式让学生探究平面直角坐标系在实际问题中的应用。这种匹配的教学方式有助于激发学生的学习兴趣和积极性，提高学习效果。

四是学习态度的积极引导。学生的学习态度应该符合教师的教学要求。在初中数学教学中，教师可以通过表扬、鼓励、激励等方式，引导学生形成积极的学习态度。例如，在课堂上，教师可以及时表扬学生的积极发言、认真听讲、主动思考等行为，鼓励学生积极参与课堂活动。教师还可以通过课后作业、测试等方式，评估学生的学习态度和努力程度，并给予相应的反馈和指导。

二、"教与评"一致性的阐释

（一）"教与评"一致性的内涵与实践

"教与评"一致性指教师教的内容与评的内容一致性程度或吻合程度。在初中数学教学中，这意味着教师的教学设计必须与评价设计紧密关联，确保评价能够准确反映学生的学习成果。

一是教学目标与评价目标的对应。教学目标与评价目标必须保持对应。在初中数学教学中，教师可以通过明确教学目标，制订相应的评价目标，确保评价能够准确反映学生的学习成果。例如，在"一次函数"的单元教学中，教师可以设定教学目标为理解一次函数的定义和图象，掌握一次函数的性质和应用，相应的评价目标可以设定为"通过测试、作业等方式，评估学生对一次函数定义、图象和性质的理解程度，以及运用一次函数解决实际问题的能力。在教学实践中，教师可以通过设计多样化的评价任务，如选择题、填空题、解答题等，来全面评估学生的学习成果。教师还可以结合课堂观察、小组讨论等方式，收集学生的学习表现数据，为评价提供有力支持。

二是教学过程与评价过程的同步。教学过程与评价过程必须保持同步。在初中数学教学中，教师可以通过在教学过程中嵌入评价任务，及时了解学生的学习进展和掌握情况。例如，在"二次函数的图象和性质"的教学中，教师可以在讲解过程中穿插提问、练习等评价任务，及时了解学生对知识点的掌握情况。如果发现学生在某个知识点上掌握不牢固，教师可以及时调整教学策略和教学方法，帮助学生弥补知识漏洞。此外，教师可以利用课堂观察、小组讨论等方式，收集学生的学习表现数据，为评价提供有力支持。例如，在小组讨论中，教师可以观察学生的参与程度、思维方式和表达能力等方面的表现，为评价提供客观依据。

三是评价方式与教学方式的匹配。评价方式必须与教学方式相匹配。在初中数学教学中，教师可以通过选择适合的评价方式，确保评价能够准确反映学生的学习成果。例如，在"平面直角坐标系"的教学中，教师可以采用书面测验的方式评估学生对平面直角坐标系基本概念和应用的掌握情况；还可以采用口头测验的方式评估学生的口头表达能力和思维清晰度。此外，教师还可以结合课堂观察、小组讨论等方式，收集学生的学习表现数据，为评价提供全面支持。

四是评价结果与教学调整的关联。评价结果必须与教学调整紧密关联。在初中数学教学中，教师可以通过分析评价结果，了解学生的学习进展和掌握情况，并据此调整教学策略和教学方法。例如，在完成"一次函数"单元的教学后，教师可以通过分析学生的测试成绩和作业表现，了解学生对一次函数定义、图象和性质的理解程度以及运用一次函数解决实际问题的能力。如果发现学生在某个知识点上掌握不牢固或存在普遍性问题，教师可以及时调整教学策略和教学方法，如增加练习次数、提供辅导等方式帮助学生弥补知识漏洞。

（二）“评与教”一致性的内涵与实践

“评与教”一致性是指评价的内容、难度水平、重点尽量跟教的内容、难度水平、重点保持一致。在初中数学教学中，这意味着评价设计必须紧密围绕教学内容展开，确保评价能够准确反映教师的教学效果。

一是评价内容与教学内容的对应。评价内容必须与教学内容保持对应。在初中数学教学中，教师可以通过明确教学内容，制定相应的评价内容，确保评价能够准确反映教学效果。例如，在讲解“二次函数”单元时，教师可以设定教学内容为理解二次函数的定义和图象，掌握二次函数的性质和应用。相应的评价内容可以设定为通过测试、作业等方式，评估学生对二次函数的定义、图象和性质的理解程度以及运用二次函数解决实际问题的能力。在教学实践中，教师可以通过设计多样化的评价任务来覆盖教学内容的各个方面。例如，在设计选择题时，可以涵盖二次函数的定义、图象特征、性质应用等多个知识点；在设计解答题时，可以要求学生运用二次函数的知识解决实际问题。

二是评价难度与教学难度的匹配。评价难度必须与教学难度相匹配。在初中数学教学中，教师可以通过调整评价任务的难度水平，确保评价能够准确反映学生的学习成果和教学效果。例如，在“平面直角坐标系”的教学中，教师可以根据学生的掌握情况和认知水平，设计不同难度的评价任务。对基础较好的学生，可以设计一些更具挑战性的评价任务，如要求学生运用平面直角坐标系解决实际问题；对基础较弱的学生，则可以设计一些相对简单的评价任务，如要求学生绘制平面直角坐标系并标注点的坐标。此外，教师可以根据教学进度和学生的掌握情况，适时调整评价任务的难度水平。例如，在学习初期，可以设计一些较为简单的评价任务，帮助学生巩固基础知识；在学习后期，则可以设计一些更具挑战性的评价任务，促进学生深入理解和应用知识。

三是评价重点与教学重点的契合。评价重点必须与教学重点相契合。在初中数学教学中，教师可以通过明确教学重点，制订相应的评价重点，确保评价能够准确反映教学效果。例如，在讲解“一次函数”单元时，教师可以设定教学重点为理解一次函数的图象和性质，并运用一次函数解决实际问题。相应的评价重点可以设定为通过测试、作业等方式，重点评估学生对一次函数图象和性质的理解程度以及运用一次函数解决实际问题的能力。在教学实践中，教师可以通过设计有针对性的评价任务来突出教学重点。例如，在设计选择题时，可以重点考查学生对一次函数的图象和性质的理解程度；在设计解答题时，则可以要求学生运用一次函数的知识解决实际问题，并注重考查学生的解题思路和方法。

四是评价结果的反馈与教学改进。评价结果必须及时反馈给教师，并用于指导教学改进。在初中数学教学中，教师可以通过分析评价结果，了解教学效果和学生的学习成果，并据此调整教学策略和教学方法。例如，在完成"二次函数"单元的教学后，教师可以通过分析学生的测试成绩和作业表现，了解学生对二次函数的定义、图象和性质的理解程度以及运用二次函数解决实际问题的能力。如果发现学生在某个知识点上掌握不牢固或存在普遍性问题，教师可以及时调整教学策略和教学方法，如增加练习次数、提供辅导等方式帮助学生弥补知识漏洞。此外，教师可以将评价结果用于指导后续的教学活动。例如，在设计下一次教学活动时，教师可以根据评价结果调整教学内容、难度水平和重点等方面，以更好地满足学生的学习需求，提高教学效果。

三、"学与评"一致性的阐释

（一）"评与学"一致性的内涵与实践

"评与学"一致性是指评价内容和标准与学生应该学习到的内容或达到的学习目标保持一致。在初中数学教学中，这意味着评价设计必须紧密围绕学习目标展开，确保评价能够准确反映学生的学习成果和进步情况。

一是评价内容与学习目标的对应。评价内容必须与学习目标保持对应。在初中数学教学中，教师可以通过明确学习目标，制订相应的评价内容，确保评价能够准确反映学生的学习成果和进步情况。例如，在讲解"一次函数"单元时，教师可以设定学习目标为理解一次函数的定义和图象，掌握一次函数的性质和应用。相应的评价内容可以设定为通过测试、作业等方式，评估学生对一次函数定义、图象和性质的理解程度以及运用一次函数解决实际问题的能力。在教学实践中，教师可以通过设计多样化的评价任务来覆盖学习目标的各个方面。例如，在设计选择题时，可以涵盖一次函数的定义、图象特征、性质应用等多个知识点；在设计解答题时，则要求学生运用一次函数的知识解决实际问题，并注重考查学生的解题思路和方法。

二是评价过程与学习过程的同步。评价过程必须与学习过程保持同步。在初中数学教学中，教师可以通过在教学过程中嵌入评价任务，及时了解学生的学习进展和掌握情况，并为后续的教学活动提供有力支持。例如，在讲解"二次函数的图象和性质"时，教师可以在讲解过程中穿插提问、练习等评价任务，及时了解学生对知识点的掌握情况。如果发现学生在某个知识点上掌握不牢固，教师可以及时调整教学策略和教学方法，帮助学生弥补知识漏洞。此外，教师可以利用课堂观察、小组讨论等方式，收集学生的学习表现数据，为评价提供全面支持。例如，在小组讨论中，教师可以观察学生的参与程度、思维方式和表达能力等方面的表现，为评价提供客观依据。

三是评价标准与学习目标的契合。评价标准必须与学习目标相契合。在初中数学教学中，教师可以通过明确学习目标，制订相应的评价标准，确保评价能够准确反映学生的学习成果和进步情况。例如，在讲解“平面直角坐标系”时，教师可以设定学习目标为理解平面直角坐标系的基本概念和应用。相应的评价标准可以设定为通过测试、作业等方式，评估学生对平面直角坐标系基本概念的理解程度以及运用平面直角坐标系解决实际问题的能力。在教学实践中，教师可以通过设计具体的评价标准来确保评价的客观性和准确性。例如，在设计选择题时，可以明确每个选项的正确性和错误原因；在设计解答题时，则可以制订详细的评分标准，包括解题步骤、思路方法、答案准确性等方面。

四是评价结果的反馈与学习调整的关联。评价结果必须及时反馈给学生，并用于指导学习调整。在初中数学教学中，教师可以通过分析评价结果，了解学生的学习成果和进步情况，并据此帮助学生调整学习策略和方法。例如，在完成“一次函数”单元的教学后，教师可以通过分析学生的测试成绩和作业表现，了解学生对一次函数定义、图象和性质的理解程度以及运用一次函数解决实际问题的能力。如果发现学生在某个知识点上掌握不牢固或存在普遍性问题，教师可以及时给予反馈和指导，帮助他们调整学习策略和方法，提高学习效果。此外，教师可以将评价结果用于指导后续的学习活动。例如，在设计下一次学习活动时，教师可以根据评价结果调整学习内容、难度水平和重点等方面，以更好地满足学生的学习需求，提高学习效果。

（二）“学与评”一致性的内涵与实践

“学与评”一致性指学习活动设计和安排应适应评价理念，根据评价的方式改进学习活动安排。在初中数学教学中，这意味着学习活动设计必须紧密围绕评价理念展开，确保评价能够准确反映学生的学习成果和进步情况，并据此指导学习活动的改进和优化。

一是学习活动与评价理念的适应。学习活动必须适应评价理念。在初中数学教学中，教师可以通过明确评价理念，设计相应的学习活动，确保评价能够准确反映学生的学习成果和进步情况。如果评价理念强调过程性评价和形成性评价的重要性，那么教师在设计学习活动时就应注重过程性评价和形成性评价的运用。例如，在课堂上，教师可以通过提问、讨论、练习等方式，及时了解学生的学习进展和掌握情况，并给予相应的反馈和指导；在课后，则可以通过作业、测试等方式，评估学生的学习成果和进步情况。此外，教师可以根据评价理念调整学习活动的形式和内容。如果评价理念强调学生的自主探究和合作学习能力的培养，那么教师在设计学习活动时就可以注重自主探究和合作学习的运用，如设计小组合作学习任务、探究性学习任务等。

二是学习目标与评价目标的对应。学习目标必须与评价目标保持对应。在初中数学教学中，教师可以通过明确学习目标，制订相应的评价目标，确保评价能够准确反映学生的学习成果和进步情况。例如，在讲解"二次函数"单元时，教师可以设定学习目标为理解二次函数的定义和图象，掌握二次函数的性质和应用。相应的评价目标可以设定为通过测试、作业等方式，评估学生对二次函数的定义、图象和性质的理解程度以及运用二次函数解决实际问题的能力。在教学实践中，教师可以通过设计多样化的评价任务来覆盖学习目标的各个方面。例如，在设计选择题时，可以涵盖二次函数的定义、图象特征、性质应用等多个知识点；在设计解答题时，则要求学生运用二次函数的知识解决实际问题，并注重考查学生的解题思路和方法。

三是学习方式与评价方式的匹配。学习方式必须与评价方式相匹配。在初中数学教学中，教师可以通过选择适合的学习方式，确保评价能够准确反映学生的学习成果和进步情况。如果评价方式强调书面测验和口头测验的运用，那么教师在设计学习方式时就可以注重书面测验和口头测验的练习。例如，在课堂上，教师可以通过提问、讨论等方式锻炼学生的口头表达能力和思维清晰度；在课后，则可以通过作业、测试等方式评估学生的书面表达能力和解题能力。此外，教师可以根据评价方式调整学习方式的多样性和灵活性。如果评价方式强调多元化评价的运用，那么教师在设计学习方式时就可以注重多元化评价的实践，如设计小组合作学习任务、探究性学习任务等，以培养学生的团队协作能力和探究能力。

四是学习过程的调整与优化。学习过程必须根据评价结果进行调整和优化。在初中数学教学中，教师可以通过分析评价结果，了解学生的学习成果和进步情况，并据此调整和优化学习过程。例如，在完成"一次函数"单元的教学后，教师可以通过分析学生的测试成绩和作业表现，了解学生对一次函数的定义、图象和性质的理解程度以及运用一次函数解决实际问题的能力。如果发现学生在某个知识点上掌握不牢固或存在普遍性问题，教师可以及时给予反馈和指导，帮助他们调整学习策略和方法；同时，教师还可以根据评价结果调整和优化后续的学习活动设计，如增加练习次数、提供辅导等方式帮助学生巩固和提高学习效果。此外，教师可以将评价结果用于指导学生的个性化学习。例如，对不同学习水平和需求的学生，教师可以根据评价结果制订个性化的学习计划和学习任务，以更好地满足学生的学习需求和提高学习效果。

"教—学—评"一致性在初中数学教学实践中具有极其重要的意义。深入阐释"教与学"一致性、"教与评"一致性和"学与评"一致性，可以确保教学目标、学习目标和评价目标之间的紧密关联和相互促进，还可以促进教学过程、学习过程和评价过程的同步进行和相互支持，最终实现教师教学质量的提升和学生学习效果的优化。以下提供"数据的集中趋势"教学设计供读者参考。

【案例二】　“数据的集中趋势”教学设计

《义务教育数学课程标准（2022 年版）》强调了评价的育人导向和作用，坚持通过评价促进学习和教学。教学有效性的唯一证据在于学习目标的实现，即能够证明“学会了什么”。与传统“教育教学”模式不同，“教学评”模式实现了从关注学生“应该学习什么内容”到关注学生“学会了什么”的转变。教学设计的重心从“教的设计”转向“学的设计”。本案例基于“教—学—评”一致性的课堂意义，围绕教学目标展开设计，致力于新课标理念在教学环节的切实落地。

一、所教即所学

“所教即所学”体现了教与学的一致性。陶行知提出的“教学合一”理念强调了教与学之间的联系。从教师的角度看，教师不仅要思考“为什么教”，还要思考“教什么”“怎样教”“教到什么程度”。相应地，从学生的角度看，需要思考“我要学什么”“我怎样去学，需要什么样的方式”“我学会了吗”。首先是“教什么”与“学什么”的一致性，这是教学内容和目标的体现。其次，“怎样教”与“怎样学”的一致性体现在为完成教学目标而组织的素材或活动上。“教到什么程度”与“我学会了吗”的一致性则体现在教学结果上，即目标的完成度。因此，教与学一致性的达成需要评价的嵌入。

二、所教即所评

“所教即所评”体现了教学与评价的一致性，即教师的教学与对学生学习评价的匹配程度。洛林·W. 安德森认为教学目标、教学活动与教学评价是一个整体，这个整体体现在教师的教学目标和评价目标的一致性上。评价应嵌入教学过程中，而不仅仅是一个孤立的环节。评价的及时反馈是教师了解学生的学习情况并据此调整教学策略的基础。因此，教师需要意识到教的东西就是评价的东西，教的过程也要有评价的融入，评价的反馈要对教的实践产生作用或指引，意识到教学的成效、缺陷、矛盾和问题。如果教学与评价不一致，那么将无法回答“为什么教”“教到什么程度”，教师将失去对教学方向的把控。在进行教学设计时，教师应将评价设计嵌入其中，进而将评价任务整合嵌入教学环节中。

三、所学即所评

“所学即所评”体现了学生学习与对学生学习评价的一致性，是回答“我学会了吗”的关键点。钟启泉教授提倡形成性评价，强调评价不应仅仅作为甄别手段，主张运用多元的评价手段，重视学生的自我评价和反思，关注学生的学习过程和学习成就。学习与学习评价的一致性意味着评价所得的信息与学生的学习内容是一致的，对信息的分析、处理，形成反馈，能帮助学生更好地展开后续的学习。“学了”和“学会了”是两个不同的概念。如果只学不评，学生无法回答“我学会了吗”，目标的达成也无从说起。及时、动态、多次评价的宝贵之处不仅在于对学生学习的激励功能，还在于其对教学成效的诊断功能，师生教学的调控功能等。因此，评价不能是“随便”的评价，要根据教学目标设定评价标准，并选择合适的评价任务收集评价信息。

四、教学实践

1. 目标设计

课程标准要求学生理解平均数、中位数、众数的意义，并能计算中位数、众数、加权平均数，了解它们是描述数据集中趋势的工具。在“中位数和众数”的教学中，教师在设定教学目标时首先应考虑“为什么教”，即为何在教授平均数之后选择先教授中位数而不是众数。历史原因表明，中位数作为对平均数易受极端值影响的缺陷的改进而发展起来，平均数和中位数通常用于定量数据的分析，而众数则更多用于定性数据的分析。关于“怎样教”，鉴于统计内容的特性以及与平均数知识的关联，建议在现实数据背景下设计问题，展示平均数对极端值的敏感性，引导学生经历中位数和众数概念的形成，并在解决问题的过程中掌握知识和方法。最后，“教到什么程度”是对课程标准的直接回应。基于以上分析，本案例根据“过程＋结果＋表现”的框架，确定了以下教学目标。

（1）学生能够通过与平均数学习的类比，掌握中位数、众数的概念，并能计算一组数据的中位数和众数；

（2）学生能够结合实例分析平均数、中位数、众数的联系与差异，掌握在实际问题中分析数据集中趋势的方法，形成应用意识和统计观念。

学习重、难点：重点在于中位数和众数与平均数的对比学习；难点在于结合实际情境分析平均数、中位数、众数这三个概念之间的联系与差异。

2. 评价设计

评价任务1：实例引入，教师在趣味跳绳比赛的背景下引导学生探究平均数对极端值的敏感性，完成平均数计算的逆向思维，并根据一组含有极端值的数据，分析平均数在这组数据排序后的位置，从而提出“平均数”代表“平均水平”的局限性。

评价任务2：历史的发展与个人学习过程有许多相似之处。通过学习中位数的数学史，学生将了解中位数在无背景和日常生活背景之外的重要应用价值。

评价任务3：引导学生观察排序后的数据，寻找中位数，深入理解中位数的概念，并分别根据一组奇数个数和偶数个数的数据，推导出一般的中位数求法。

评价任务4：在同一背景下，教师调整数据和问题，引出众数的概念和意义，使学生在具体问题中体会数据集中趋势。

评价任务5：学生对平均数、中位数、众数进行综合应用，完成思维导图的绘制，理解并阐述平均数、中位数、众数的联系与区别。

3. 教学活动

问题1：在一次趣味跳绳比赛中，7位参赛运动员的平均成绩为120下，乙同学排名第二。请根据下表中的成绩，推测乙同学的成绩是高于还是低于平均成绩。

姓名	甲	乙	丙	丁	戊	己	庚
次数	238	A	105	102	100	93	95

设计分析：通过实例引入，复习旧知识。根据学生的回答情况进行分析，如果学生认为乙同学的成绩高于平均成绩，这表明他们尚未意识到极端值对平均数的影响；如果学生认为乙同学的成绩低于平均成绩，这可能意味着他们迅速计算出了特定值，显示出对平均数计算的熟练掌握和强大的运算能力，也可能是预习充分，意识到“238”这个值可能对平均数产生影响。通过评价学生，可以具体了解他们的学习基础。

问题 2：计算 A 的值，并验证问题 1 的猜测是否正确。

问题 3：为什么乙同学排名第二，但他的成绩却低于平均成绩？

设计分析：正如朱慕菊所指出的，“让学习过程更多地成为发现问题、提出问题、分析问题、解决问题的过程”。借助直观素材，从学生的实际情况出发，让学生经历提出猜想、进行检验、发现问题的过程，发现平均数对极端值的敏感性，并得出“甲同学的成绩远高于其他同学的成绩，从而拉高了整体水平和平均水平”的结论。然后，引导学生思考是否还有其他数值更能代表这组数据的集中趋势。

问题 4：如果用平均数 120 来代表这 7 位同学跳绳的普遍水平，是否合适？

问题 5：如果用平均数来代表 7 位同学的普遍水平不合适，你能找到其他数值来代表他们的普遍水平吗？

设计分析：在历史上，中位数几乎总是作为平均数的替代品出现的。对那些根据比赛中“去掉最高分和最低分”后求平均数的学生，应给予肯定评价，并解释为什么在有这种方法时还需要中位数。在寻找替代平均数的环节，从历史角度为中位数的提出提供证据。但是，史料的选择并非随意，例如在经济学史中，大多数数据是不规则的偏态分布，虽然能说明中位数的价值，但八年级的学生大多数还未发展出偏态意识。因此，本设计引入的是中位数在航海史中替代平均数的资料，并给出中位数的定义。

问题 6：请找出这 7 名同学成绩的中位数。

问题 7：如果辛同学也参加了这次比赛，他的成绩是 98 下，请问现在这 8 名同学成绩的中位数是多少？

问题 8：请描述计算中位数的方法。

设计分析：经过前面的学习，学生已经掌握了中位数的概念，并分析了平均数与中位数的联系与区别。通过“排序”和“找中间位置”，可以求出问题 6 和 7 的中位数，再由此推导中位数的位置的确定方法。在学生给出想法后，教师应给予及时的评价与反馈，与学生共同得出中位数的求解过程。

问题 9：壬同学没有参加这次比赛，但在比赛过程中他也在跳绳。由于没有电子计数器，班上有 20 名同学都给他数了次数，给出的结果分别是 100，99，98，100，100，101，101，101，102，100，99，100，101，101，101，101，99，101，101，100。你认为哪一个成绩最有可能是壬同学的真实成绩，并说明你的理由。

问题 10：如何确定选举的结果？如何确定卖得最好的商品？

问题 11：对壬同学的表现，7 名同学表示优秀，8 名同学表示比较良好，5 名同学表示合格，请问这组数据的众数是什么？

设计分析：这几个问题的主要目的是探究众数的概念。众数也是刻画数据集中趋势的一个数值。为了区分平均数、中位数、众数这三个数值，这里的数据设计使得三者的计算结果不同，便于教师评价学生的答案，并让学生之间相互评价。然后，教师可以举出众数实际应用的例子，并向学生提问众数应用的例子，帮助学生体会数据不仅仅是数字，并逐渐形成正确的数据观念。

问题 12：结合今天的知识，谈谈你对平均数、中位数、众数的理解。

设计分析：在这里要注意学生是否能说出这三个数值是刻画数据集中趋势的，是否能清晰地指出平均数易受极端值影响，是否能明确中位数对平均数的替代意义，具有一定的稳健性，不受极端值影响，以及是否能明确众数是一组数据中出现次数最多的数据。在学生回答的基础上，教师引导学生完成思维导图的绘制。学生通过一系列分析过程，利用数据去分析问题，学习如何判断事情的主要因素，加深对概念的理解，并通过数据对问题做出决策，检测目标是否达成。

问题 13：为深入学习宣传贯彻习近平新时代中国特色社会主义思想和党的二十大精神，切实加强对各类需要帮助群体的关心关爱，组织七、八年级学生开展心理健康知识科普问答活动，帮助青少年了解心理健康知识，提高心理素质和应对能力。成绩分为四个等级，相应等级的得分依次为 10 分、9 分、8 分、7 分。以下是从两个年级学生中各随机抽取的 10 名学生的问答得分。

七年级：7，8，8，8，8，9，9，9，9，10；

八年级：8，8，8，8，8，9，9，9，9，9。

请根据以上信息分析你认为哪个年级的成绩更好，并说明理由。

五、实践反思

教师应善于运用逆向设计，关注学生的学后反思，促进学生将所学知识实现“学习理解应用实践迁移创新”。教学目标是教学的灵魂，具体教学内容要强化课程思维，立足课程标准，明确学业要求、素养要求，挖掘内在联系，秉承素养导向，做好课程标准的转化，系统建构教学目标。评价是教学的桥梁，是教学有效与否的重要依据，评价任务设计要明确、可测量、可习得、有相关性、有时限。

第4章 “教—学—评”一致性的课改背景

“教—学—评”一致性作为提升教育质量、促进学生全面发展的重要理念，正日益受到广泛关注和深入实践。这一理念的核心在于确保教学活动、学习过程与评价机制之间的紧密衔接与相互支持，旨在促进学生核心素养的发展。

近年来，中国教育改革不断深化，从应试教育向素质教育转变的步伐日益加快。这一转变过程中，“教—学—评”一致性作为衡量教育质量、推动教育创新的关键指标，被赋予了前所未有的重要地位。2017年教育部推动以核心素养为纲的课程改革以来，基础教育领域迎来了全新的变革。随着《普通高中课程方案（2017年版）》和各科课程标准的陆续颁布，以及《义务教育课程方案（2022年版）》的进一步要求，核心素养已成为课程改革的核心。

“教—学—评”一致性的实践探索已经取得了显著成效。各地教育部门和学校积极响应国家教育改革的号召，将“教—学—评”一致性理念融入日常教学中，通过优化教学设计、改进教学方法、完善评价体系等措施，不断提升教学质量。例如，一些学校通过制订明确的教学目标、设计多样化的教学活动、实施过程性评价与终结性评价相结合的评价机制，有效促进了学生的全面发展。

中国教育技术的快速发展也为“教—学—评”一致性的实现提供了有力支持。随着信息技术的广泛应用，教师可以利用大数据、人工智能等先进手段，更加精准地了解学生的学习情况，及时调整教学策略和方法。这种技术赋能的教学方式不仅提高了教学的针对性和有效性，也为“教—学—评”一致性的实践探索提供了更多可能性。

此外，我国教育界对“教—学—评”一致性的研究也在不断深入。学者从理论层面探讨“教—学—评”一致性的内涵、价值与实施策略，从实践层面总结成功经验、分析存在问题并提出改进建议。这些研究成果不仅丰富了“教—学—评”一致性的理论体系，也为教育实践提供了有力指导。

随着教育改革的不断深化和教育技术的快速发展，“教—学—评”一致性将成为提升教育质量、促进学生全面发展的重要途径。今后，中国教育界将继续深化对“教—学—评”一致性的研究与实践，为培养更多具有创新精神和实践能力的人才贡献力量。

第1节 “教—学—评”一致性视角下初中数学教学现状分析

在初中教育阶段，数学作为一门基础且核心的学科，不仅承载着传授数学知识、培养逻辑思维能力的任务，还肩负着激发学生学习兴趣、培养良好学习习惯和形成正确价值观的重任。然而，在我国初中数学教学的实践中，教学、学习、评价三者之间的关系并未得到完全协调和优化，存在一些亟待解决的问题。

一、“教—学—评”一致性视角下初中数学教学的现状

（一）教学内容与方式

在我国初中数学教学中，教师普遍注重基础知识的传授和基本技能的培养。教材内容通常按照知识点进行划分，教师按照教材顺序进行讲解，辅以大量的练习题让学生巩固所学知识。然而，这种教学方式往往过于注重知识的灌输，忽视了学生的主体性和差异性。在课堂上，教师讲解多、学生互动少，缺乏对学生思维能力和创新能力的培养。以“一次函数”的教学为例，教师通常会先介绍一次函数的概念、图象和性质，然后通过大量的例题和练习题让学生掌握这些内容。然而，这种教学方式往往让学生感到枯燥乏味，难以激发学生的学习兴趣和积极性。同时，由于学生之间的差异，有些学生可能很快掌握了这些知识，而有些学生则需要更多的时间和练习。但教师往往难以做到因材施教，满足不同学生的学习需求。

（二）学习方式与习惯

在初中数学学习中，学生普遍存在着被动接受知识、缺乏主动思考和学习策略的问题。许多学生只是机械地记忆公式和定理，缺乏对数学问题的深入理解和思考。同时，由于课业负担较重，学生往往缺乏足够的时间和空间进行自主学习和探究。以“几何证明”的学习为例，学生通常需要掌握一系列的证明方法和技巧。然而，在实际学习中，许多学生只是机械地模仿教师的证明过程，缺乏对自己证明思路的梳理和总结。当遇到新的证明问题时，他们往往感到无从下手，缺乏独立思考和解决问题的能力。

（三）评价方式与标准

在我国初中数学评价中，传统的考试评价仍然占据主导地位。考试成绩往往被视

为评价学生学习效果和教师教学质量的主要标准。然而，这种评价方式过于注重知识的记忆和应试能力，忽视了对学生思维能力、创新能力和实践能力的评价。以期末考试为例，试卷通常包括选择题、填空题、计算题和证明题等多种题型。然而，这些题型往往只考查了学生对知识点的掌握程度和应试技巧，难以全面反映学生的数学素养和综合能力。同时，由于考试成绩的重要性，教师和学生往往过于注重应试技巧的训练，而忽视了对数学知识的深入理解和应用。

二、“教—学—评”一致性视角下初中数学教学的问题

（一）教学与学习的脱节

在我国初中数学教学中，教学与学习之间存在着明显的脱节现象。教师往往过于注重知识的传授和灌输，忽视了学生的主体性和差异性。这种教学方式难以激发学生的学习兴趣和积极性，导致学生在课堂上被动接受知识，缺乏主动思考。同时，由于课业负担较重，学生缺乏足够的时间和空间进行自主学习和探究，进一步加剧了教学与学习之间的脱节。

以“二次函数”的教学为例，教师通常会按照教材顺序介绍二次函数的概念、图象和性质。然而，在实际教学中，教师往往过于注重公式的记忆和应用，忽视了对学生思维能力的培养。学生只是机械地记忆公式和定理，缺乏对二次函数深入理解和思考的能力。当遇到新的二次函数问题时，他们往往感到无从下手，缺乏独立思考和解决问题的能力。

（二）学习与评价的错位

在我国初中数学学习中，学习与评价之间存在着错位现象。传统的考试评价方式往往过于注重知识的记忆和应试能力，忽视了对学生思维能力、创新能力和实践能力的评价。这种评价方式导致学生过于注重应试技巧的训练，而忽视了对数学知识的深入理解和应用。同时，由于考试成绩的重要性，学生往往只关注考试范围内的知识点，缺乏对数学知识的广泛兴趣和探索精神。

以“相似三角形”的学习为例，学生通常需要掌握相似三角形的性质和判定方法。然而，在实际学习中，学生往往只关注考试可能出现的题型和解题技巧，而忽视了对相似三角形性质的深入理解和灵活应用。这种学习方式导致学生只是机械地记忆公式和定理，缺乏对数学知识的灵活应用和创新能力。

（三）评价与教学的分离

在我国初中数学评价中，评价与教学之间存在着分离现象。传统的考试评价方式往往只关注学生的学习结果，而忽视了教学过程中的评价和反馈。这种评价方式难以全面反映学生的学习情况和教师的教学效果，也无法为教师和学生提供及时的反馈和改进建议。以课堂评价为例，教师通常会在课堂上提问或布置练习题来检查学生的学习情况。然而，这些评价方式往往只是简单地判断学生的答案是否正确，缺乏对学生思维过程和解题策略的深入评价。同时，由于课堂时间有限，教师往往难以对每个学生都进行详细的评价和反馈，导致评价与教学的分离。

三、“教—学—评”一致性视角下初中数学教学问题案例

以“勾股定理”的教学为例，来进一步阐述我国初中数学教学现状及其存在的问题。在某节“勾股定理”的课堂上，教师首先介绍了勾股定理的概念和公式，然后通过几个例题来演示如何运用勾股定理解决问题。在课堂上，教师讲解清晰、条理分明，学生也认真听讲、积极记笔记。然而，在这节课中，却存在着明显的教学、学习、评价之间关系不协调的问题。

首先，在教学方面，教师过于注重勾股定理公式的记忆和应用，而忽视了对勾股定理背后数学思想的讲解和引导学生自主探索的过程。学生只是机械地记忆公式和解题步骤，缺乏对勾股定理深入理解和思考的能力。

其次，在学习方面，学生缺乏主动思考和学习策略。他们只是被动地接受教师的讲解，没有主动尝试自己推导勾股定理或运用勾股定理解决实际问题。这种学习方式导致学生只是掌握了表面的知识，而缺乏深入理解和灵活运用的能力。

最后，在评价方面，教师只是通过例题和练习题来检查学生对勾股定理的掌握程度，而忽视了对学生思维过程和解题策略的深入评价。同时，由于课堂时间有限，教师难以对每个学生都进行详细的评价和反馈，导致有些学生可能对自己的掌握情况存在误解或盲点。

综上，我国初中数学教学在教学、学习、评价之间关系上存在着可优化的方面。为了改善这一现状，教师需要从多个方面入手：加强教学内容与方式的改革，注重培养学生的思维能力和创新能力；引导学生形成正确的学习方式和习惯，提高他们的自主学习和探究能力；完善评价方式与标准，注重对学生综合素质和能力的评价。只有这样，教师才能真正实现教学、学习、评价三者之间的协调和优化，推动我国初中数学教学质量的全面提升。

第 2 节 “教—学—评”一致性理念的形成背景

随着教育改革的不断深入，初中数学教学正经历着前所未有的变革。这一变革的核心在于从传统的知识传授向核心素养的培育转变，而“教—学—评”一致性理念正是在这一背景下应运而生。

一、课程改革的深化需求

近年来，我国基础教育课程改革不断深化，新课标明确提出“以核心素养为导向”的教育理念。这一导向要求数学课程不仅要传授知识，更要注重培养学生的思维能力、创新能力、解决问题的能力等核心素养。这一转变意味着数学教学必须从传统的“填鸭式”教学向探究式、合作式学习转变，从注重结果向注重过程转变。

在传统教学中，教学目标模糊、评价与目标不匹配等问题屡见不鲜，形成了“教、学、评”脱节的现状。例如，教师可能设定了清晰的教学目标，但在实际教学中却偏离了这些目标；或者教学目标本身就不够明确，导致学生在学习中感到迷茫。同时，评价方式也往往与教学目标不一致，无法准确反映学生的学习成效。这种脱节现象严重阻碍了核心素养的落实，亟须通过一致性设计实现整体优化。在初中数学教学中，这种脱节现象尤为明显。例如，在讲解“一次函数”时，教师可能设定的目标是让学生掌握一次函数的性质和应用，但在实际教学中却过于注重公式的记忆和习题的演练，忽视了对学生逻辑思维能力和问题解决能力的培养。而在评价环节，教师又可能仅仅通过考试成绩来评判学生的学习成效，忽视了对学生学习过程的考查。

为了解决上述问题，“教—学—评”一致性理念应运而生。这一理念强调教学目标、教学内容、教学方法和教学评价之间的内在联系和一致性，要求教师在设计教学活动时充分考虑这四个方面的相互关系，确保它们能够共同服务于核心素养的培育。在初中数学教学中，这意味着教师需要明确教学目标，选择适合的教学内容和方法，设计合理的评价方式，以确保学生能够真正掌握数学知识并培养相应的核心素养。

二、教材编写的结构化转型

新课标要求教材体现“内容结构化”，打破碎片化知识编排，构建学科大概念和跨学科主题。这一要求意味着新教材需要更加注重知识的内在逻辑和联系，帮助学生形成完整的知识体系。例如，在“函数”这个知识体系下，教材需要整合一次函数、二次函数、反比例函数等知识点，构建函数这一大概念，并通过实际问题引导学生理解函数的应用和意义。

为了满足新课标的要求，教材编写需要进行结构化转型。新教材需要以核心素养为主线，整合知识体系，形成具有内在联系和逻辑顺序的教学内容。在初中数学教学中，这意味着教材需要更加注重知识的层次性和递进性，从基础概念出发逐步引导学生深入理解数学的本质和规律。

新教材的结构化转型要求教学设计与教材逻辑保持一致。这意味着教师在设计教学活动时需要充分考虑教材的内容和结构，确保教学活动能够紧密围绕教材展开并服务于核心素养的培育。在初中数学教学中，这意味着教师需要深入理解教材的知识点和逻辑关系，结合学生的实际情况设计有针对性的教学活动和评价方式。

三、教学实践中的现实困境

在教学实践中，许多教师对新课标的理解不够深入，导致教学目标虚化、教学过程形式化。例如，一些教师可能认为核心素养的培养就是多做一些拓展题或探究题，而忽视了对学生数学思维能力和问题解决能力的培养。这种误解导致教师在设计教学活动时偏离了核心素养的导向。另外，一些教师在教学过程中过于依赖教材，机械地执行教材中的教学内容和教学方法，忽视了对学生个体差异的关注和教学创新的尝试。这种机械执行教材的做法导致教学过程缺乏灵活性和针对性，无法满足不同学生的学习需求。

在教学实践中，一些教师过于注重知识的传授和习题的演练，忽视了学生在学习过程中的主体地位和主动性。这种教学方式导致学生在学习过程中缺乏积极性和主动性，无法真正参与到学习活动中来。

针对上述现实困境，“教—学—评”一致性理念为教师提供了“目标—内容—方法—评价”的系统化框架。这一框架帮助教师明确教学目标、选择适合的教学内容和方法、设计合理的评价方式，实现从“教知识”到“育素养”的转变。在初中数学教学中，这意味着教师需要关注学生的个体差异和学习需求，设计具有针对性和灵活性的教学活动和评价方式，以激发学生的学习兴趣和主动性。

四、学业质量标准的提出

新课标首次明确提出了“学业质量标准”，将核心素养细化为可观测的表现指标。这一标准为“教—学—评”一致性的实施提供了评价依据，要求教学设计与评价工具必须与素养目标精准对接。在初中数学教学中，这意味着教师需要深入理解学业质量标准的要求和内容，将其融入教学设计和评价过程中去。

学业质量标准的提出促进了“教—学—评”一致性的实施。一方面，它为教师提供了明确的评价依据和指标，帮助教师更好地了解学生的学习成效和核心素养的培养情况；另一方面，它也要求教师在设计教学活动时需要充分考虑评价工具的选择和使用，确保教学活动与评价工具之间的一致性。在初中数学教学中，这意味着教师需要结合学业质量标准的要求和内容设计有针对性的习题和测试题目，以全面考查学生的学习成效和核心素养的培养情况。

“教—学—评”一致性与学业质量标准之间存在着紧密的互动关系。一方面，“教—学—评”一致性是实现学业质量标准的重要保障；另一方面，学业质量标准也为“教—学—评”一致性的实施提供了明确的方向和依据。在初中数学教学中，这意味着教师需要在教学活动中不断反思和调整自己的教学策略和方法，以确保教学活动与学业质量标准之间的一致性。

综上所述，课程改革的深化需求、教材编写的结构化转型、教学实践中的现实困境以及学业质量标准的提出都为“教—学—评”一致性理念的产生和发展提供了重要的动力和依据。在初中数学教学中，教师需要深入理解“教—学—评”一致性理念的内涵和要求，将其融入教学设计和评价过程中去，以实现从“教知识”到“育素养”的转变。通过不断实践和完善“教—学—评”一致性理念，教师可以为初中数学教学的改革和发展注入新的活力和动力。

第 3 节　“教—学—评”一致性理念的主要内容

“教—学—评”一致性理念的形成，是教育改革深化、教材编写转型、教学实践困境以及学业质量标准提出等多方面因素共同作用的结果。随着新课标的出台，以核心素养为导向的教育理念逐渐成为共识，传统教学中存在的“教、学、评”脱节问题日益凸显，亟须通过一致性设计实现整体优化。“教—学—评”一致性强调“目标统领、内容支撑、教学落实、评价反馈”四位一体的协同，旨在通过明确的教学目标、结构化的教学内容、一体化的教学实施和评价机制，以及尊重学生的主体性，实现教育的全面优化。“教—学—评”一致性理念主要包括以下内容。

一、目标导向：核心素养为统领

“教—学—评”一致性的第一个核心是目标导向，即教学目标需直接对应数学核心素养。初中数学核心素养包括抽象能力、推理能力、模型观念等 9 个方面，这些核心素养是学生在数学学习过程中逐渐形成的关键能力和思维品质。新课标提出的“三会”——会用数学的眼光观察现实世界、会用数学的思维思考现实世界、会用数学的语言表达现实世界，成为一致性设计的终极指向。

在初中数学教学中，目标导向的体现尤为明显。例如，在讲解“一次函数”时，教师不仅要求学生掌握一次函数的定义、图象和性质，更重要的是培养学生的抽象能力和模型观念。教师可以通过设计真实情境的问题，引导学生用数学眼光观察生活中的一次函数现象，用数学思维分析其中的数量关系，用数学语言表达问题的解决方案。这样的教学目标设定，既符合新课标的要求，也体现了“教—学—评”一致性的理念。

二、内容结构化：知识向素养转化

“教—学—评”一致性的第二个核心内容是内容结构化，即教学内容需基于新课标的“主题整合”原则，打破学科内外的界限，凸显知识关联。教材中的例题、习题设计应体现真实问题情境，支撑学生经历“发现问题—数学化表达—解决问题”的完整过程。

在初中数学教学中，内容结构化的实施可以通过主题式教学来实现。例如，在“数与运算”这一主题下，教师可以整合有理数、实数、代数式等知识点，设计一系列具有层次性和递进性的教学活动。通过引入真实情境的问题，如购物打折、温度变化等，引导学生将实际问题数学化，运用所学的数学知识进行建模和求解。这样的教学内容设计，不仅有助于学生形成完整的知识体系，而且能培养他们的数学素养和解决问题的能力。

三、教学评一体化：动态闭环设计

“教—学—评”一致性的第三个核心内容是教学评一体化，即课堂教学活动需与目标匹配，采用启发式、探究式教学，注重学生参与体验。评价应嵌入教学过程，通过表现性任务、开放性提问等方式，诊断学生素养发展水平，实现“以评促学”。

在初中数学教学中，教学评一体化的实施可以通过项目式学习或跨学科主题学习来实现。例如，在“几何图形与坐标”这一主题下，教师可以设计一个关于校园地图绘制的项目。学生需要运用所学的几何知识和坐标系概念，实地测量校园内的建筑物和设施的位置，然后绘制出校园地图。在这个过程中，教师可以通过观察学生的操作过程、提问他们的思路和方法、评价他们的地图作品等方式，来诊断学生的素养发展水平。这样的教学方式和评价机制，既体现了“教—学—评”一致性的理念，也激发了学生的学习兴趣和主动性。

四、学生主体性：差异化与生成性

“教—学—评”一致性的第四个核心内容是尊重学生的主体性，即尊重学生的认知差异，通过分层任务设计满足学生多样化需求；关注课堂生成资源，将学生的疑问或错误转化为教学契机，促进学生对所学知识的深度理解。

在初中数学教学中，尊重学生的主体性可以通过差异化教学和生成性教学来实现。差异化教学要求教师根据学生的认知水平和学习能力，设计不同难度的任务和活动，让每个学生都能在自己的最近发展区内得到提升。例如，在讲解“二次函数”时，教师可以为不同层次的学生设计不同难度的习题：基础层的学生只需掌握二次函数的定义和性质；提高层的学生需要能够绘制二次函数的图象并分析其特点；拓展层的学生则需要能够运用二次函数解决实际问题。

生成性教学则要求教师关注课堂中的动态生成资源，如学生的疑问、错误、创意等，并将其转化为教学契机。例如，在讲解“反比例函数”时，可能有学生会提出：“为什么反比例函数的图象是双曲线而不是直线？”这个问题虽然超出了教师的预设范围，但教师可以抓住这个契机，引导学生通过探究和反思来深入理解反比例函数的图象和性质特点。

“教—学—评”一致性理念有助于教师转变教学观念和角色定位，从知识的传授者转变为学生学习的引导者和合作者；也有助于学生形成完整的知识体系和数学素养，提升他们的学习能力和解决问题的能力。

第 4 节 “教—学—评”一致性理念的实践价值

“教—学—评”一致性理念强调教学目标、教学活动和教学评价三者之间的紧密关联和相互支持，旨在通过系统化设计，实现教育的整体优化。本节将结合初中数学教学案例，详细阐述“教—学—评”一致性理念的实践价值，特别是其在破解传统教学痛点、落实核心素养路径以及促进教师专业发展方面的重要作用。

一、破解传统教学痛点：避免“教非所学、学非所考”的割裂现象

在传统的教学模式中，教学、学习和评价往往处于割裂状态，导致“教非所学、学非所考”的现象屡见不鲜。这种现象不仅浪费了教育资源，而且严重挫伤了学生的学习积极性，影响了教师的教学效果。在传统的初中数学教学中，教师往往按照教材

的顺序进行讲授，而教材的内容有时并不能完全满足考试的要求。同时，教学评价方式单一，多以考试成绩作为评价学生的唯一标准。这种教学方式和评价机制导致学生在课堂上学习的内容与考试要求存在脱节，不少学生为了应对考试采用做大量的课外练习题的方式。例如，在传统的几何教学中，教师可能只注重几何定理的证明和计算，而忽视了几何图形在现实生活中的应用。然而，在考试中，却经常出现与现实生活紧密相关的几何问题，导致学生无法将所学知识应用于实际问题中。

“教—学—评”一致性理念强调教学目标、教学活动和教学评价的一致性。在教学设计中，教师需要根据课程标准，明确教学目标，并围绕教学目标设计教学活动和评价方式。这样，教学、学习和评价就形成了一个紧密关联的整体，避免了传统教学中的割裂现象。以“一次函数”的教学为例，教师可以根据课程标准，明确教学目标为：理解一次函数的概念、掌握一次函数的图象和性质、能够运用一次函数解决实际问题。然后，教师可以围绕这些教学目标设计教学活动，如通过实例引入一次函数的概念、通过绘图工具绘制一次函数的图象、通过小组讨论探究一次函数的性质、通过实际问题练习一次函数的应用。教师还可以设计相应的评价方式，如通过课堂提问检查学生对一次函数概念的理解、通过作业检查学生对一次函数图象和性质的掌握情况、通过测试检查学生运用一次函数解决实际问题的能力。通过这种系统化设计，教师可以确保教学、学习和评价的一致性，使学生能够在课堂上学到真正有用的知识，提高学习效果和考试成绩。

二、落实核心素养路径：将抽象素养目标转化为可操作的课堂实践框架

核心素养是当今教育改革的重要目标，强调培养学生的关键能力和思维品质。然而，核心素养目标往往比较抽象，难以直接转化为具体的课堂实践。核心素养目标如抽象能力、推理能力、模型观念等，都是比较抽象的概念。这些目标难以直接转化为具体的课堂实践活动，需要教师进行深入的理解和转化。

“教—学—评”一致性理念为落实核心素养目标提供了可行的路径，强调将教学目标转化为可操作的课堂实践框架。在教学设计中，教师可以根据核心素养目标，明确具体的教学目标和教学活动，并通过评价方式检查学生的素养发展水平。以“方程与不等式”的教学为例，教师可以根据核心素养目标中的抽象能力和推理能力，明确教学目标为：能够抽象出方程与不等式的数学模型、能够运用推理方法解决方程与不等式的问题。然后，教师可以设计相应的教学活动，如通过实际问题引导学生抽象出方程与不等式的数学模型、通过小组讨论引导学生运用推理方法解决方程与不等式的问题。教师还可以设计相应的评价方式，如通过课堂提问检查学生抽象出方程与不等式数学模型的能力、通过作业和测试检查学生运用推理方法解决方程与不等式问题的能

力。通过这种实践框架的设计，教师可以将抽象的素养目标转化为具体的课堂实践活动，使学生在实践中逐步培养起核心素养。

三、促进教师专业发展：推动教师从“教材执行者”转变为“课程设计者”

教师的专业发展是教育质量提升的关键。“教—学—评”一致性理念不仅有助于改善教师的教学实践，而且能推动教师的专业发展，使教师从传统的“教材执行者”转变为具有创新精神的“课程设计者”。在传统的教学模式中，教师往往只是教材的执行者，按照教材的顺序进行讲授，缺乏创新性和主动性。“教—学—评”一致性理念强调教师的主动性和创造性，要求教师根据课程标准，进行系统化设计，使教学、学习和评价形成一致的整体。

“教—学—评”一致性理念要求教师深入理解课程标准，明确教学目标，并根据教学目标整合教学资源，设计教学活动和评价方式。这要求教师具备较高的课标解读能力和资源整合能力。以“概率”为例，教师需要深入理解课程标准中关于概率的要求，明确教学目标为：理解概率的概念、掌握概率的计算方法、能够运用概率解决实际问题。然后，教师需要整合相关的教学资源，如教材、教辅资料、网络资源等，设计相应的教学活动，如通过实验引入概率的概念、通过例题讲解概率的计算方法、通过实际问题练习概率的应用。教师还需要设计相应的评价方式，如通过课堂提问检查学生对概率概念的理解、通过作业检查学生对概率计算方法的掌握情况、通过测试检查学生运用概率解决实际问题的能力。在这个过程中，教师需要不断解读课程标准，整合教学资源，设计教学活动和评价方式，从而不断提升自己的课标解读能力和资源整合能力。同时，这种能力的提升也有助于教师更好地适应教育改革的要求，推动自身的专业发展。

“教—学—评”一致性通过系统化设计避免了传统教学中的割裂现象，将抽象的素养目标转化为可操作的课堂实践框架，推动了教师的专业发展并提升了教师的课标解读与资源整合能力。深入理解和践行这一理念，应该不断探索和创新“教—学—评”一致性理念在初中数学教学中的应用方式和方法，以更好地满足学生的学习需求和提升教学质量。以下提供“反比例函数的图象和性质（第 1 课时）”的教学实例供读者参考。

【案例三】反比例函数的图象和性质（第 1 课时）

一、研读课程标准，制订学习目标

清晰的目标是“教—学—评”一致性的前提和灵魂。没有清晰的目标，就无所谓“教—学—评”的活动；没有清晰的目标，也就无所谓一致性。因为判断“教—学—

评”是否一致的依据是教学、学习与评价是否都是围绕共享的目标展开。学习目标的确定需要综合考虑课程标准、教材和学情三个方面。

（一）课标研读

《义务教育数学课程标准（2022年版）》对反比例函数的要求是：“结合具体情境用实例体会反比例函数的意义，能根据已知条件确定反比例函数的表达式；会用描点法画出反比例函数的图象；知道当$k>0$和$k<0$时反比例函数$y=\frac{k}{x}$（$k\neq 0$）图象的整体特征；能用反比例函数解决简单的实际问题。”

（二）教材分析

本节课的主要内容是反比例函数的图象和性质，反比例函数是继一次函数、二次函数学习之后的再一次强化和拓展，函数图象由“一条”到“两支”、形态由“连续”到“间断”。研究反比例函数的图象和性质是后续构建反比例模型解决实际问题的基础，也为高中学习其他函数做好铺垫，起到承上启下的作用。

（三）学情分析

学生已经学习过一次函数和二次函数，他们的抽象思维能力和探究能力都得到了一定锻炼，基本具备研究函数图象和性质的思想方法。教师授课的班级，学生基础一般，两极分化比较严重，大部分学生具备一定的类比研究能力。

（四）学习目标

结合课程标准、教材和学情的分析，基于学科核心素养，确定本节课的学习目标：

（1）进一步熟悉“描点法”作函数图象的主要步骤，能画出反比例函数的图象，探索并理解图象的变化情况，培养学生的动手操作能力，提升直观想象素养。

（2）类比正比例函数的图象和性质的研究方法，结合反比例函数的图象，探究并理解反比例函数的图象和性质，渗透数形结合、分类讨论、从特殊到一般的学习方法，培养学生直观想象和逻辑推理素养。

（3）能利用反比例函数性质分析并解决一些基本问题，抓住函数的变化规律是由k决定这一性质，提升学生的数学运算和逻辑推理素养。

二、依据学习目标，制订评价任务

评价任务贯穿课堂教学的始终，是学生如何学习、学到什么程度的判断依据。学习目标设定之后，应设计用于判断目标是否达成的评价任务，评价任务的设计优先于教学活动的设计，即“逆向设计”。

评价任务1：通过“活动1”复习引入，复习的内容都是为“活动2”作图做准备，引导学生正确画出反比例函数的图象并理解图象特征，针对学习目标(1)。

评价任务2：“活动3”“活动4”“活动5”环节，通过小组合作学习的方式探究得到反比例函数的性质，针对学习目标(2)。

评价任务 3：“活动 6”环节，通过 5 个练习题，有梯度地对掌握反比例函数的图象和性质进行巩固练习，逐步实现知识向能力的转化，针对学习目标(3)。

三、依据学习目标，设计教学活动

评价任务的设计先于教学活动的设计，教师在设计教学活动的时候可以嵌入评价任务，把评价任务作为教学活动的主要组成部分。教师可以这样理解，教学活动同时也是评价任务的呈现与实施，学习活动同时也是评价任务的理解与完成。

（一）温故知新，引入新知

[活动 1]

问题 1：什么叫做反比例函数？反比例函数自变量 x、函数值 y 的取值范围分别是什么？

问题 2：正比例函数的图象和性质（图表略）。

问题 3：“描点法”作函数图象的一般步骤是什么？

设计意图：通过提问，引导学生了解反比例函数的相关知识，问题 1 中强调自变量 x 和函数值 y 的取值范围，是为后面画函数图象列表取值不能取 0 和理解图象为什么不能与坐标轴相交做好铺垫。问题 2 中回顾了正比例函数的图象和性质，在后续的图象研究过程中，学生通过类比正比例函数的研究方法，自然地通过分类讨论（$k>0$ 和 $k<0$）来研究反比例函数的性质，这也是知识的一种正向迁移。

（二）观察探究，形成新知

[活动 2]

问题 1：作反比例函数 $y=\frac{6}{x}$ 和 $y=\frac{12}{x}$ 的图象。

图象是直观描述和研究函数的重要工具，正确画出反比例函数的图象是研究函数性质的前提。虽然学生有用“描点法”作一次函数、二次函数图象的经验，但是由于反比例函数图象具有自身的特殊性，大部分学生能够自己准确画出完整图象的可能性比较小。为了合理安排时间，奇数组的学生完成 $y=\frac{6}{x}$ 的图象，偶数组的学生完成 $y=\frac{12}{x}$ 的图象。在“列表”这一环节，由于在活动 1 中学习了反比例函数自变量 x 的取值范围，这里学生很少出现 x 取 0 的情况。在“连线”这一环节中，学生可能存在以下问题：未用光滑的曲线连接，连线有端点，将两个象限内的点连起来等，教师通过实物投影将学生的问题汇总展示。学生很难理解图象无限接近坐标轴，但不与坐标轴相交，在活动 1 中强调自变量 x 和函数值 y 的取值范围，这也为学生提供了“数”的角度的理解。教师再通过几何画板展示两个函数的图象，帮助学生从“形”的角度直观理解，体现数形结合思想。

问题 2：反比例函数 $y=\frac{k}{x}$，k 取不同的正数时，图象有怎样的特点？

教师通过几何画板，变化正数 k 的取值，让学生直观感受图形的变化，渗透它的形态特征。

[活动 3]

观察反比例函数 $y=\frac{6}{x}$，$y=\frac{12}{x}$，$y=\frac{k}{x}$（$x\neq0$）的图象，能得到哪些特征？

教师采取小组合作的形式，小组内合理分工，领导者、记录者、汇报员等分工协作，高效地完成了反比例图象的理解和性质的研究。在小组合作过程中，教师观察每组的完成情况，对有问题的小组进行指导，对因基础差而不愿参与的学生进行鼓励，对顺利完成的小组提出表扬，引导已经形成结论的小组与其他小组进行组间交流。小组合作结束后，派代表上台利用实物投影进行展示，有异议的地方由其他小组进行补充。

学生在描述图象变化趋势时，教师一定要强调"在每一象限内"这个条件。

[活动 4]

当 $k<0$ 时，反比例函数 $y=\frac{k}{x}$（$x\neq0$）的图象和性质是怎样的呢？请画出反比例函数 $y=-\frac{6}{x}$ 和 $y=-\frac{12}{x}$ 的图象。

教师安排奇数组的学生完成 $y=-\frac{6}{x}$ 的图象，偶数组的学生完成 $y=-\frac{12}{x}$ 的图象，通过再次画反比例函数的图象，学生不仅能巩固和提高学生的作图能力，而且在画图过程中能直观理解当 $k<0$ 时反比例函数的性质。教师通过实物投影展示几位学生的作图，对容易出错的地方进行强调。教师通过几何画板，变化负数 k 的取值，让学生直观感受它的形态特征。学生通过类比当 $k>0$ 时的图象性质，很自然地能说出当 $k<0$ 时的图象性质。

[活动 5]

总结反比例函数 $y=\frac{k}{x}$（$x\neq0$）图象的特征和性质，填写下表。

函数		图象	分布象限	增减性
$y=\frac{k}{x}$（$x\neq0$）				

设计意图：反比例函数图象和性质的探索对学生来说难度比较大，教师先让学生独立思考作图，亲身经历作图的过程，更好地理解图象所反映出的性质特征。在探究反比例函数的性质时，教师采取小组合作的方式，组内分工合作，基础弱一些的学生也能被带动参与其中，对团队讨论出来的结论的印象会更加深刻，这样课堂更高效，有效培养学生的团队协作能力。

（三）巩固提高，运用新知

[活动 6]

问题 1：下列图象中是反比例函数图象的是（　　）。

A.
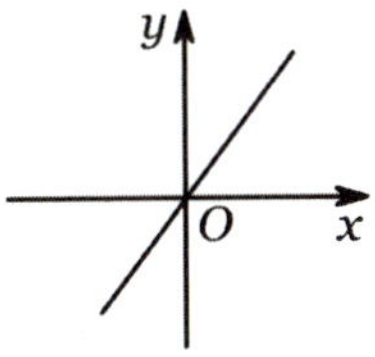

B.
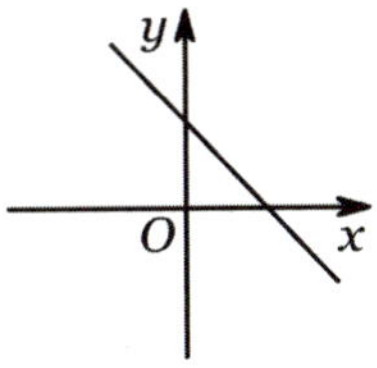

C.
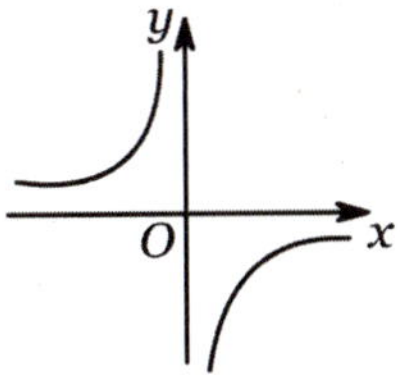

D.
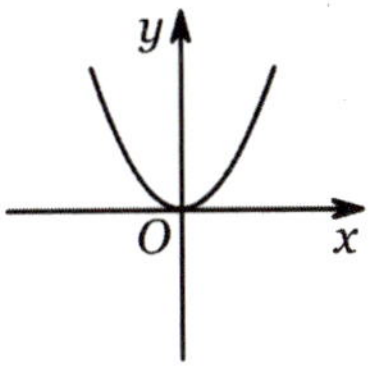

问题 2：如图所示的图象，对应的函数解析式可能是（　　）。

A. $y=3x$　　　　B. $y=3x+2$

C. $y=\dfrac{2}{x}$　　　　D. $y=-\dfrac{3}{x}$

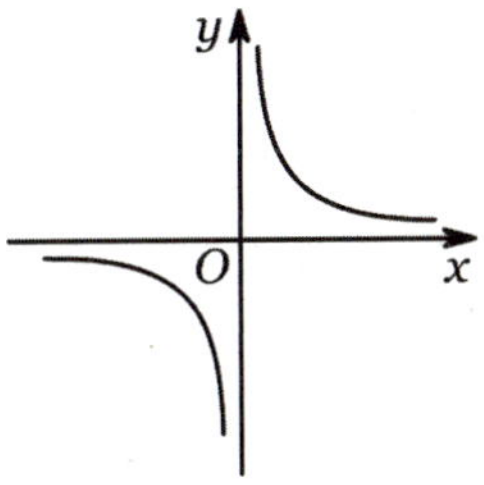

（问题 2 图）

问题 3：填空。

（1）函数 $y=\dfrac{10}{x}$ 的图象在第______象限，在每一象限内，y 随 x 的增大而______；

（2）函数 $y=-\dfrac{15}{x}$ 的图象在第______象限，在每一象限内，y 随 x 的增大而　　　；

（3）函数 $y=\dfrac{k}{x}$（$k>0$），当 $x>0$ 时，图象在第______象限，y 随 x 的增大而______；

问题 4：已知反比例函 $y=\dfrac{4-k}{x}$。

（1）若函数图象位于第一、三象限，则 k 的取值范围是________；

（2）若在每一象限内，y 随 x 的增大而增大，则 k 的取值范围是________。

问题 5：已知反比例函数的图象经过点 $A(2，6)$。

（1）这个函数的图象位于哪些象限？y 随 x 的增大如何变化？

（2）点 $B(3，4)$，$C(-2，6)$ 是否在这个函数图象上？

（3）若点 $D(x_1，y_1)$，$E(x_2，y_2)$ 都在这个反比例函数图象上，且 $x_1>x_2>0$，则 y_1 和 y_2 有怎样的大小关系？

(4) 若点 $P(x, y)$ 在这个反比例函数图象上，当 $x>3$ 时，求 y 的取值范围。

设计意图：教师通过选取具有代表性、由易到难的题目，引导学生在研究每一个问题的特点时，能够紧扣“性质”进行分析，达到理解并掌握反比例函数的性质的目标。

（四）归纳反思，深化新知

本节课我们学习了哪些知识？用到了什么思想方法？你有哪些收获？

设计意图：教师引导学生归纳总结本节课的知识要点和思想方法，使学生对反比例函数的图象和性质有更全面的认识。

第 5 章　“教—学—评”一致性的教学实施

“教—学—评”一致性理念作为一种新兴的教育观念，强调教学目标、学习过程与评价方式之间的一致性和相互促进，对提升教学质量、优化学习体验、完善评价体系具有深远的意义。传统的教学模式中，教学、学习与评价往往相互割裂，导致教学目标不明确，学习过程缺乏针对性，评价方式单一且滞后。“教—学—评”一致性理念强调三者之间的紧密联系和相互支撑，要求教学目标清晰明确，学习过程与教学目标高度契合，评价方式多样且及时反馈。这样的教学模式不仅能够确保教学活动的针对性和有效性，而且能够激发教师的教学创新力和学生的学习动力，从而全面提升教学质量。

研究“教—学—评”一致性的教学实施对优化学习体验具有重要意义。在“教—学—评”一致性理念下，学习过程不再是被动的知识接受过程，而是学生主动参与、积极探索的建构过程。教学任务的设计紧密围绕教学目标，评价方式多样且注重过程性评价，能够及时反馈学生的学习进展和存在的问题，帮助学生明确学习方向，调整学习策略。这样的学习方式不仅能够增强学生的学习兴趣和主动性，而且能够培养学生的自主学习能力和问题解决能力，从而优化学习体验。

研究“教—学—评”一致性的教学实施对完善评价体系也至关重要。传统的评价体系往往过于注重结果性评价，忽视了对学生学习过程的评价和对学生个体差异的关注。“教—学—评”一致性理念则强调评价方式的多样性和个性化，要求评价既关注学生的学习成果，又关注学生的学习过程和学习态度，既注重共性要求，又尊重个体差异。这样的评价体系不仅能够更加全面、客观地反映学生的学习状况，而且能够为教师的教学提供有力的反馈和支持，从而不断完善评价体系。

为了实现“教—学—评”一致性的教学实施，本章将深入探讨其实施的常见困境、逻辑前提、基本原则、任务设计、教学策略等关键问题，为一线教师提供一套切实可行的操作指南，助力他们在教学实践中不断提升教学质量，促进学生的全面发展。

第1节 "教—学—评"一致性实施的常见困境

随着教育理念的不断更新，"教—学—评"一致性逐渐成为教育工作者追求的目标。然而，在实际教学过程中，尤其是在初中数学教学中，"教—学—评"一致性的实施却面临着诸多困境。以下结合具体教学案例，深入探讨"教—学—评"一致性在初中数学教学中的实施困境。

一、育人目标模糊："教—学—评"一致性走向机械对应

"教—学—评"一致性强调教学目标、教学过程和教学评价之间的一致性，旨在通过明确的评价目标引导教学过程，最终实现育人目标。然而，在初中数学教学中，由于育人目标的模糊，"教—学—评"一致性往往走向机械对应。

在初中数学课堂上，教师常常将"教—学—评"一致性简化为"考什么，教什么，评什么"。这种机械对应的理解方式，虽然看似使得教学、学习和评价之间形成了一定的联系，但实际上却忽视了数学教学的本质和育人目标。数学教学不仅仅是传授知识，更重要的是培养学生的逻辑思维、问题解决能力和数学素养。以"一次函数"的教学为例，传统的教学方式往往是教师先讲解一次函数的定义、图象和性质，然后给出大量的练习题让学生巩固所学知识。在评价环节，教师也主要是通过测试学生对一次函数定义、图象和性质的掌握程度来评判学生的学习效果。这种教学方式和评价方式虽然在一定程度上体现了"教—学—评"一致性，但忽视了对学生逻辑思维和问题解决能力的培养。

在实际教学中，教师应该将育人目标融入教学过程中，通过设计具有挑战性和开放性的问题，引导学生主动思考和探索。例如，在"一次函数"的教学中，教师可以设计一些实际问题，如"如何根据某物体的运动速度和时间来计算其运动距离?"这样的问题不仅能够激发学生的学习兴趣，而且能够培养学生的逻辑思维和问题解决能力。然而，由于育人目标的模糊，教师们往往忽视了这类问题的设计，导致"教—学—评"一致性走向机械对应。

育人目标的模糊还导致"教—学—评"一致性在实施过程中缺乏灵活性和创新性。教师往往过于依赖教材和教参，缺乏对学生个体差异的关注和对教学内容的深入理解。这种机械化的教学方式和评价方式不仅无法激发学生的学习兴趣，也无法满足学生的多样化需求。

二、师生立场错位：“教—学—评”一致性走向学用分离

“教—学—评”一致性的实施需要充分体现学生的主体地位，引导学生积极参与教学过程和评价过程。然而，在初中数学教学中，师生立场错位的现象屡见不鲜，导致“教—学—评”一致性走向学用分离。

在传统的初中数学课堂上，教师往往是课堂的主宰者，控制着教学进度和教学内容。学生处于被动接受的状态，缺乏主动参与和表达意见的机会。这种师生立场的错位导致学生在学习过程中无法充分发挥自己的主动性和创造性，也无法将所学知识运用到实际生活中。以“几何图形的认识”为例，传统的教学方式往往是教师先讲解几何图形的基本性质和特征，然后给出一些图形让学生识别。在评价环节，教师也主要是通过测试学生对几何图形的识别能力来评判学生的学习效果。然而，这种教学方式和评价方式忽视了学生对几何图形的直观感受和实际操作能力。

在实际教学中，教师应该注重学生的主体地位，引导学生通过动手操作和实践活动来认识和理解几何图形。例如，教师可以让学生自己动手制作几何模型，或者通过拼图游戏来加深对几何图形的理解。在评价环节，教师也应该注重评价学生的实践能力和创新能力，而不仅仅是识别能力。然而，由于师生立场的错位，教师往往忽视了学生的主体地位和实践能力的培养。教师过于注重知识的传授和测试，而忽视了学生对知识的理解和运用。这种学用分离的现象不仅影响了学生的学习效果，也制约了学生的创新能力和实践能力的发展。

师生立场的错位还导致“教—学—评”一致性在实施过程中缺乏有效的沟通和反馈机制。教师往往忽视了学生的意见和建议，无法及时了解学生的学习需求和困难。同时，学生也缺乏对教师教学方式的反馈和评价机会，导致无法对教师的教学方式提出改进意见。这种沟通不畅和反馈缺失的现象进一步加剧了“教—学—评”一致性的实施困境。

三、评价依据游离：“教—学—评”一致性走向线性结构

“教—学—评”一致性的实施需要明确的评价依据来引导教学过程和评价过程。然而，在初中数学教学中，评价依据游离的现象较为普遍，导致“教—学—评”一致性走向线性结构。

在传统的初中数学评价中，教师往过于依赖教材和考试指导意见作为评价依据。他们根据教材内容和考试指导意见要求来设计评价题目和评分标准，忽视了对学生实际能力和素养的评价。这种线性结构的评价方式虽然具有一定的客观性和可操作性，

但无法全面反映学生的真实水平和发展潜力。以“二次函数”的教学为例，传统的评价方式往往是通过测试学生对二次函数定义、图象和性质的掌握程度来评判学生的学习效果。然而，这种评价方式忽视了学生对二次函数实际应用能力的培养和评价。在实际生活中，二次函数有着广泛的应用，如物理学中的运动问题、经济学中的成本效益分析等。因此，对二次函数的评价不能仅局限于其定义、图象和性质，还应该包括其在实际问题中的应用能力。

评价依据的游离还导致“教—学—评”一致性在实施过程中缺乏针对性和有效性。教师往往过于注重评价结果的量化和比较，而忽视了评价过程的诊断和反馈功能。教师往往只是简单地给出一个分数或等级来评判学生的学习效果，而缺乏对学生学习过程和方法的深入分析和指导。为破解这一困境，教师需要明确评价依据，将评价标准与教学目标紧密结合起来。教师应该根据教学目标和学生实际需求来设计评价题目和评分标准，注重评价学生的实际能力和素养。教师还应该注重评价过程的诊断和反馈功能，及时发现学生的学习问题和困难，并提供有针对性的指导和帮助。

教师还应该注重评价方式的多样性和灵活性，可以采用口头评价、书面评价、实践操作评价等多种方式来评价学生的学习效果。他们还可以引入同伴评价、自我评价等多元评价主体来增强评价的客观性和全面性。然而，在实际教学中，由于评价依据的游离和评价方式的单一化，教师往往难以做到“教—学—评”一致性。他们往往过于注重评价结果的量化和比较，而忽视了评价过程的诊断和反馈功能；过于依赖教材和考试指导意见作为评价依据，而忽视了学生实际能力和素养的评价。这种线性结构的评价方式不仅无法全面反映学生的真实水平和发展潜力，也制约了“教—学—评”一致性的实施效果。

“教—学—评”一致性在初中数学教学中的实施面临着诸多困境。为了破解这些困境，教师需要明确育人目标、注重学生的主体地位、明确评价依据并注重评价方式的多样性和灵活性。只有这样，才能真正实现“教—学—评”一致性，提高初中数学教学的质量和效果。

第 2 节　“教—学—评”一致性实施的逻辑前提

《义务教育数学课程标准（2022 年版）》对教学评价建议进行了细化且具体的描述，并倡导综合运用多种评价方式，以评促学，以评促教，使教、学、评趋向一致，发挥评价的育人导向作用。“教—学—评”一致性指在课堂教学活动中学生学习的评价、学生的学、教师的教都必须指向教学目标，协调统一，“教—学—评”一致性中的“评”嵌入、交融于教与学的过程中，如下图所示。

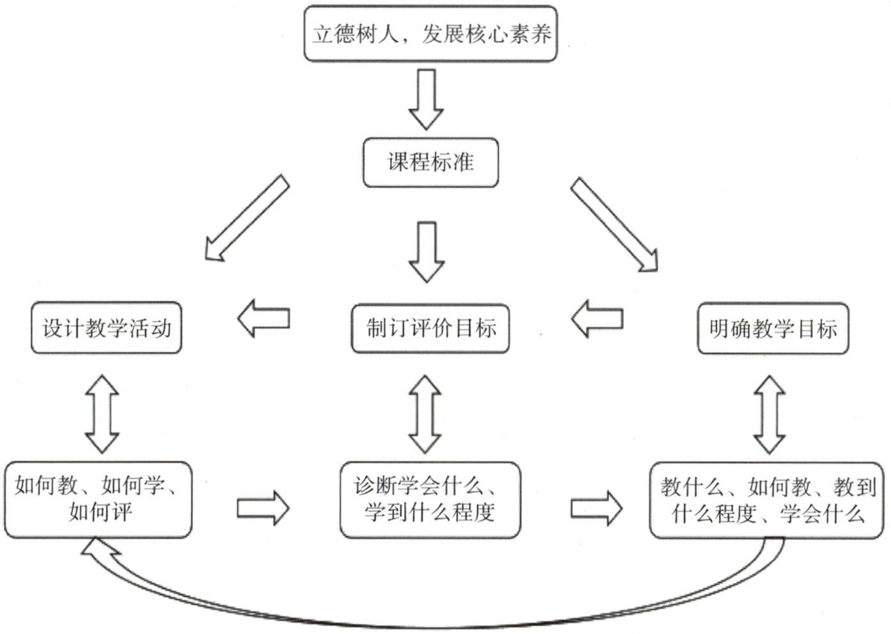

教师需要从立德树人、发展核心素养的总目标出发，依据课程标准，明确教学目标，并制订学习评价目标，站在评价的角度，认识到学生在知识、能力、思维方式、分析方法上应该达到什么样的要求（学），然后将难点进行拆解，从而设计课堂教学活动（教），并通过“持续、可检测”的评价（评）诊断学生“学的程度”和教师“教的程度”，使教学成为发现证据的过程，并根据反馈情况及时修正后续的教学活动。教师持续性地关注学生学到什么程度、离预设的学习评价目标还有多少差距，把握学生的学习成效，进而对后续的教学作出调整，以期达成教学目标。简言之，“教—学—评”一致性强调教学目标、学生的学习目标、课堂教学评价目标的一致性，要求教师一体化地设计教学、组织教学。评价要融合于教学的整个过程，促进教学目标的达成。然而，要将“教—学—评”一致性落实到课堂教学中，不能简单地将评价环节嵌入教学过程，而要先厘清几个逻辑前提问题。

一、如何正确认识教、学、评的关系

以往的教学评价中，侧重于终结性评价，评价位于教师的教与学生的学之后，当作教学的一个独立环节。中考是学生的重要赛场，在基础教育阶段，评价的价值常常被等同于甄别、选拔“高分数”的学生，导致教师成为“以考定学、以考定教”的执行者，忽视了基础教育的真正目的是立德树人。

“教—学—评”一致性教学的核心在于关注和促进学生的数学学习，关注学习过程，即教师和学生借助评价明晰到底学什么、学到什么程度以及如何才能取得更好的学习效果。"教—学—评"一致性强调，教师要持续关注过程性评价，教与学仍然是课堂的中心，评价是镶嵌在教与学的过程中的。在"教—学—评"一致性的课堂中，教师要通过多种评价方式和方法，关注学生学到什么程度、离预设的学习目标和评价目标还有多大的差距。

课程标准中的课程目标是多维度的，因此"教—学—评"一致性中的评价方式和评价主体也是多元的，评价方式将从课后延伸至课前、课中，评价主体可以是教师还可以是家长、学生等，特别要引导"生生互评"以及学生的自我监测评价，让学生主动地了解评价任务及目标，从而更好地对标评价标准。除了采取每日小测、单元检测、书面作业、课堂提问等方式收集学生的信息外，还要注重学生课堂活动的开展，为学习评价提供更多的信息，以便更好地了解学生学到了什么、学到了何种程度，发展了哪些能力和素养，充分发挥评价的导向作用，将"教—学—评"一致性的教学理念与实施要求落到实处。

二、如何制订评价目标

要诊断学生是否达成教学目标，需明确达成教学目标的标志是什么，因此需要制订学习评价目标，将教学目标的达成细化为可操作、可观察、可描述、可检测的维度。学习评价目标的制订依据是课程标准，教师需明确学生的认知水平，深度解读课程标准和教材，以数学核心素养培养为根本，研究学业质量标准、学段目标、教学要求，确定教学目标和学习评价目标。在确定评价目标时，要重点思考以下问题：如何将教学目标中的知识与技能、过程与方法、情感态度价值观等维度具体地落实到学习评价目标中？学习目标的描述需使用哪些行为动词？如何描述学生能在什么条件下做什么、怎么做？如何评价学生的表现达到了什么样的水平、深度和广度？如何体现学习结果的评价要求？

以"中考专题复习——尺规作图"课为例，依据课程标准，这节课的教学目标可确定如下：①明确尺规作图的原理，掌握尺规作图的技能，会用数学的语言表述作图过程。②经历自主思考、动手操作、推理论证、合作交流等过程，能将复杂性作图转化为基本作图解决。养成良好的作图习惯，所作的图清楚、干净，提高图形语言、符号语言、文字语言的表达转化能力，发展逻辑推理能力。③经历探索一题多解的过程，发展空间观念与几何直观，培育理性精神。学习评价目标可以确定如下：①能在课前独立完成导学案中的概念题，用尺规完成五种基本作图。②会说出尺规作图的原理，会用文字语言或符号语言表述作图过程，语言简洁明了。③能找到解决问题的切入口，会用尺规作与直线相切的圆，能从作图的角度整合知识网络，设计不同的方法作图并说出作图依据，所作的图清楚、干净。④经历自主思考、动手操作、推理论证、合作交流等过程，学习习惯良好，态度认真严谨。可以看到，学习评价目标是围绕教学目标设计的，学习评价目标是教学目标的分解、细化和落实。学习评价目标使用了更具体的行为动词，描述学生能做什么、怎么做、做到什么程度，为教师提供便于观察、操作、描述及判断的依据。

三、如何将评价嵌入教学

根据课程标准的要求，评价维度要多元。教学评价要体现学生对基本知识、基本技能、基本思想方法以及基本活动经验的掌握情况，更要反映核心素养的发展水平。因此，知识与技能的掌握、思想和方法的应用、基本活动经验的获得、关键能力和数学素养的养成、学习态度和策略的发展等，都应该纳入评价范围。

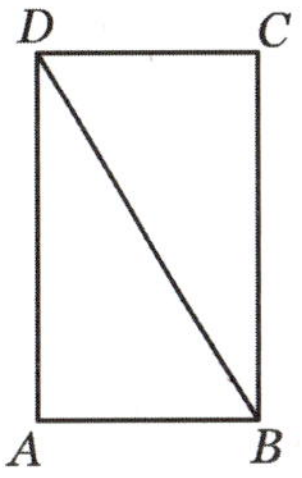

在“中考专题复习——尺规作图”这节课中，教师设计例题，引导学生探究“与直线相切的圆的构造方法及对应的尺规作图方法”。例题如下：（2022 年福建省中考第 23 题节选）如图，BD 是矩形 $ABCD$ 的对角线。求作$\odot A$，使得$\odot A$ 与 BD 相切（要求：尺规作图，不写作法，保留作图痕迹）。教师引导学生尝试应用波利亚“怎样解题”的步骤解决这道题。第一步，弄清题意，假设已经作出目标图形——圆，在纸上作出草图，在草图上标注已知的量以及要满足的条件，完成对题目的理解。第二步，拟定计划，思考确定图形的方法。作圆与直线相切可以转化为过点 A 作 BD 的垂线，将如何确定垂线转化为如何确定垂足。第三步，实现计划，完成作图过程。教师通过课堂巡查，密切关注学生的作答情况，诊断学生的知识技能掌握情况和能力水平，作出及时的反馈和针对性的指导。从学生的答题情况看，个别学生无从下手，未找到解决问题的切入口；个别学生作图不规范，所作的图达不到干净、清楚的要求，学习目标没有达成。教师针对性地进行指导，让学生明确尺规的五种基本作图方法及其原理。从整体看，学生普遍采用尺规基本作图中“过一点作已知直线的垂线”的方法，由两弧相交得到垂线，另有部分学生联想到“直径所对的圆周角是直角”，先确定辅助圆，再由线与圆的交点得到垂足。很少有学生会关联到轴对称图形，利用“菱形的对角线互相垂直”构造垂线或利用“等腰三角形三线合一”构造垂线。教师据此作出判断，学生从作图的角度整合知识网络的能力欠缺，思维方式较为单一，逻辑推理和直观想象的能力有待加强。进而，提示学生“垂足还可由两线相交得到”，利用核心知识“轴对称图形的对应点连线被对称轴垂直平分”，联想构造不同的图形，让学生合作探究，经历分析条件、主动关联、调用模型、构建图形的完整思维过程，教师观察学习活动，适时指导。知识和方法的学习仅仅是能力和素养形成的一种条件，而人的能力、素养的形成和发展只能在一定的实践活动中实现。当学生展示自己的做法并说出作图原理后，教师对学生在探究活动中体现出的直观想象、逻辑推理等核心素养作出评价，也可对自主学习的品质以及合作交流的意识作评价，还可以让同伴互评，以达到激励的作用。在教学实践中，教师整合学生的解法并作操作示范和讲解，引导学生对不同的解法进行比较与分类，归纳并总结得出本题的做法。教师通过课堂巡查、提问互动、学生作答等方式，为学生的学习活动创造真实的情境，有利于教师对学生的学习目标的达成程度做出评价，并根据评价结果设计、修正后续的教学活动。

第 3 节　“教—学—评”一致性实施的基本原则

“教—学—评”一致性教学模式指教学、学习、评价有机结合的教学模式，可以理解为教师的教学目标与教学活动、学生的学习目标与学习活动和课堂教学的评价活动统一于课堂教学中，三者在时间上具有高度的一致性。在“教—学—评”一致性教学模式中，教师的“教”、学生的“学”和教学过程中的“评”三者具有共同的目标，关联为一个有机整体，并非相互独立的存在。《义务教育数学课程标准（2022 年版）》指出：“教师应树立‘教—学—评’一致性的意识，科学选择评价方式，合理使用评价工具，妥善运用评价语言，注重鼓励学生，激发学习积极性。”值得注意的是，“教—学—评”一致性教学模式的评价主体包括教师、学生及学生学习共同体，而在评价方法上，“教—学—评”一致性教学模式倾向于采用多样化的评价手段，依照学科特点与教学需求灵活地组合评价方法，搭建体系化的评价框架，使评价合理地为教学与评价服务。在“教—学—评”一致性教学模式中，课堂内外的全部教学场景中都应保持评学教共存的状态，教师通常采用学案导学和作业引导的方式调控学生的课后学习状态，搭配课堂教学中的多种教学手段对学习的各个环节起到监督、引导和促进作用。为提高“教—学—评”一致性实施效果，需要遵循以下基本原则。

一、立足课程标准，体现层次性原则

“教—学—评”一致性教学模式主张将评价工作均匀地分散到教师教学与学生学习的全过程，以过程性评价取代原有的终末评价，目的在于使每一名学生都及时得到准确的评价结果，并将评价结果作为调整接下来一段时间学习方向的依据。为了实现“教—学—评”一致性教学模式的目标，教学的各个环节必须遵循层次性原则展开，教师只有意识到学生之间天然存在的个性、喜好与能力差异，并将之看作影响教学的重要因素，对不同学生使用并不完全相同的教学方案与评价方案，才能保障个性化的实现。考虑到我国当前的教育实情，为每一名学生单独设计教学指导方案的难度较高，

退而求其次的分层教学思路的可行性更高，并且在分层合理的情况下，所取得的效果能够显著优于传统教学思路。因此，初中数学“教—学—评”一致性教学模式的实施应充分体现层次性原则，使不同层级的学生都得到适合自身的学习目标、内容与评价结果。

《义务教育数学课程标准（2022 年版）》优化了课程内容结构，针对不同版块的教学内容明确给出了学业要求与教学提示，使得教学中“为什么教”“教什么”与“教到什么程度”的问题有了答案。在“教—学—评”一致性教学模式的应用中，教师应深入解读课标内容，为课程教学设定合理的教学目标，从而明确各个教学流程的评价标准，使教学评价从教学的起始环节就充分契合教师的教学行为与学生的学习行为。具体来说，教学目标的细化内容一方面要与课时的教学内容保持一致，基于知识点的特性确定重点培养的能力类型，另一方面要与核心素养的培养目标相匹配，尽量起到促进学生长期发展的作用。完成课时教学目标的细化后，评价标准自然得到确定，将持续起到指引学习方向的作用。

例如，在“二次函数”的教学中，由于本章知识点的抽象性较强，函数与图象的性质等内容理解难度较高，教师在设置教学目标时应对整体教学目标进行细分，结合学生的思维发展规律，依照知识点的难点分布设置阶段性的目标，并搭配相应的评价标准。本章的阶段性学习目标与评价标准可设置如下：

阶段性学习目标	评价标准
掌握二次函数的基本定义	能够准确说出 $y=ax^2$ 中各个项的含义
掌握二次函数的图象画法	会用描点法画出基础二次函数的图象
掌握二次函数的图象性质	能够描述二次函数图象的变化规律
掌握二次函数的应用方法	能够将现实问题抽象为二次函数

确定了阶段性学习目标与评价标准后，教师还应对本章的重难点内容进行针对性分析，结合自身对班级学生的了解，预设学生普遍感到吃力的学习内容，并进行强化设计。本章介绍的“二次函数”与“一次函数”具有显著联系，学生经过前面章节的学习，已经理解了函数的概念，明白函数解析式中各个变量之间能够互相影响，并且影响的规律可以通过图象反映出来。数形结合是化解函数问题的良好选择，而在“二次函数”的学习中，函数的图象“由直变曲”，画图与求解的难度都有所增加，于是教师可以针对这部分的难点内容增加学习目标，以此丰富学习评价的维度。此时，“画出 $y=x^2$，$y=2x^2$，$y=4x^2$ 的图象，并描述三者的变化规律”等稍显复杂的问题可作为

测试学生难点掌握情况的依据，而学生对问题的回答则作为评价的依据，进一步补充阶段性学习目标。通过这种方式，教师在教学准备阶段将课时的整体教学目标细化为一个又一个互有关联的阶段性学习目标，并根据学情补充目标内容，预设与之相匹配的评价标准，能够使教学评价与教学目标高度重合，为后续"教—学—评"一致性教学模式的顺利实施奠定基础。

二、改进提问方式，体现灵活性原则

相比于传统教学模式下教学、学习与评价相互独立的情况来看，"教—学—评"一致性教学模式的实施难度更高，不仅要求课堂教学中教师与学生紧密配合，做到教、学、评同时存在，而且要求学生的课后学习得到教师的支持与评价。然而，教师无法亲身参与学生的课后学习全过程，只能通过预设教学指导内容与评价内容的方式辅助学生，这就要求"教—学—评"一致性教学模式在实施过程中具备足够的灵活性。在"教—学—评"一致性教学模式中，灵活性指的是教师在布置课后学习任务时，能够准确判断学生在自主学习中可能遇到哪些困难，并提前准备好答疑解惑的教学素材，引导学生连贯学习的资源，使学生在学习进程无法推进时及时借助此类素材突破难关。此外，相应的评价内容也要体现灵活性，便于学生在学习过程中随时了解自己的能力水平，准确地判断自己所处的学习进度。

提问是课堂上最为常见的师生互动形式，教师根据学生对问题的理解与解答判断其学习效果，并给出对应的指导，能够及时纠正学生的思考方向与学习方法，同时，基于提问的师生互动原本就包含一定的评价要素，可以作为"教—学—评"一致性教学模式实施的切入点。在"教—学—评"一致性教学模式的评价环节中，"激励""追问"与"训练"都是将评价环节与教学、学习环节相融合的有效手段，教师可以尝试增强课堂提问中的师生互动强度，以激励式评价追问学生，将问题与评价相结合，最终借助多元化的随堂训练形式促进"教—学—评"一致性的发展。

例如，在"弧长和扇形面积"的教学中，教师围绕本课时经典的"弯形管道"问题与学生进行互动，利用互相衔接的问题展现引出题目内涵，并利用灵活的评价辅助学生找到正确的解题路线，使"教—学—评"一致性教学模式在数学课堂上顺利实施。

例题： 制作弯形管道时，需要先按中心线计算"展直长度"再下料，试计算如图所示的管道的展直长度，即弧 AB 的长（结果精确到 0.1 mm）。

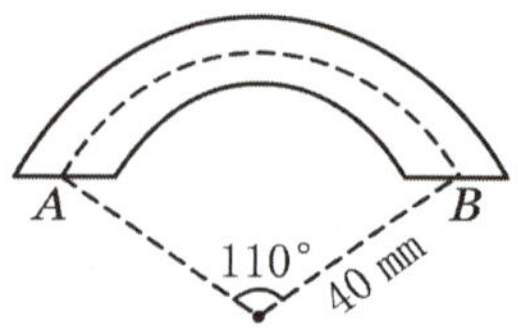

在针对题目展开分析之前，教师利用“有人知道弯曲管道的制作工序是怎样的，是直接做出弯曲的管道吗”的生活化问题，引导学生思考“弧”与“直线”的区别，理解题目展示的“用料问题”具有真实性，明白使用弧长公式计算该问题的原理。当学生意识到例题的实际意义后，对问题的求解产生更多兴趣，教师可继续提出“将题目出示的弧想象成一个圆，可以求出这个圆的周长吗”与“题目的弧对应的圆心角是110°，相当于占据多少个圆”的问题，引导学生根据图解分析问题的具体内容，逐步得到问题答案。

分析：要求管道的展直长度，即求弧 AB 的长，

根据弧长公式 $l=\frac{n\pi R}{180}$ 可求得弧 AB 的长，其中 n 为圆心角，R 为半径。

解：$R=40$ mm，$n=110$。

所以弧 AB 的长 $=\frac{n\pi R}{180}=\frac{110}{180}\times 40\pi\approx 76.8$ mm。

答：经过计算，得到管道的展直长度约为 76.8 mm。

在讲解例题的过程中，数学教师每次提问后，应预留学生集体回答的时间，并给出适当的评价，评价标准如下：

互动问题	评价标准
问题 1：弯形管道的制作工序是什么？	是否考虑到弯形管道的内外弧长不同。
问题 2：计算弯形管道的用料需要考虑哪些问题？	是否将现实问题转化成数学问题，并搭建正确的模型。
问题 3：将题目出示的弧想象成一个圆，可以求出这个圆的周长吗？	是否准确说出圆的周长计算公式。
问题 4：题目的弧对应的圆心角是 110°，相当于占据多少个圆？	是否理解圆的周长、圆心角、弧长之间的联系。
问题 5：通过计算，得出最终答案。	是否准确完成计算。

通过灵活的问题互动，教师及时给予学生评价，让学生立刻得到反馈，明白自己有哪些要点还没考虑到，及时补充灵感，从而有效促进“教—学—评”一致性教学模式的构建。

三、优化小组合作，体现长期性原则

“教—学—评”一致性教学模式与传统教学模式具有本质不同，真正使过程性评价

遍布于教学的各个环节，同时拉近了教师的教学与学生的学习，运用全过程的、持续的、全面的评价引导学生的全面发展。因此，“教—学—评”一致性教学模式对数学课程的改造并非针对单独的某节课堂，而是针对整体的数学教学模式，必须遵循长期性原则。数学教师只有在较长一段时间内都将教师的“教”、学生的“学”和教学过程中的“评”整合在一起，才能帮助学生养成以“评”促“学”，以“教”悟“学”的习惯，使课堂内外的数学学习活动都朝着高质量的发现发展。

日本数学家米山国藏曾说过：“作为知识的数学，（学生）不到两年就忘了，深深铭记在头脑中的是数学精神、数学思想、研究方法和着眼点等，这些都随时发生作用，使他们终身受益。”自新课程改革以来，小组合作学习逐渐成为课堂教学必不可少的环节，学生在合作交流中互相答疑解惑，共同解决复杂问题，将集思广益发挥到极致，能够获得自主学习能力与人际交往能力方面的训练。在常规的数学课堂上，学生合作交流大多围绕某个具体的问题进行，合作的目的是解决某个具体的问题，或是小组成员之间查漏补缺，通常不会加入学生互评的环节。因此，“教—学—评”一致性教学模式的实施可以针对小组合作学习进行改造，引导学生掌握成员互评的标准，并在合作学习的尾声完成生生互评。

例如，在“阅读与思考　杨辉三角”的学习中，学生一方面能够借助杨辉三角的数字规律巩固多项式乘多项式的运算能力，另一方面能够提升从特殊到一般的数学归纳、猜想能力，得到学科核心素养的提升。为了使学生真实地参与到杨辉三角的推导中，教师可以组织学生进行小组合作学习，同时针对合作学习任务预设评价内容，在小组合作中构建“教—学—评”一致性教学模式。在组织学生进行小组合作时，教师可按照“收集并讨论杨辉三角的历史资料”“计算并观察杨辉三角的特征”与“完成杨辉三角的简单应用”三个主要目标设置学习任务与评价标准，引导学生由浅入深地完成合作学习任务，并给出适宜的评价，使教、学、评相互配合。在第一阶段的合作学习中，学生收集资料的完整程度，以及其对资料的理解深度是评价的主要内容，教师在课堂巡查过程中逐个了解小组讨论情况，指出学生遗漏的要点并给出激励式评价，鼓励其努力完成下一阶段的目标。在第二阶段的合作学习中，学生需要观察如下内容并找到规律：

$(a+b)^0=1$，

$(a+b)^1=a+b$，

$(a+b)^2=a^2+2ab+b^2$，

$(a+b)^3=a^3+3a^2b+3ab^2+b^3$，

$(a+b)^4=a^4+4a^3b+6a^2b^2+4ab^3+b^4$。

随后，学生在讨论后需要回答“$(a+b)^n$展开式中共有几项”“每项中，字母a，b的次数有什么特点”与“展开式中各项的系数依次是什么，有什么特征”的问题。

由于本组问题的难度较大，不一定所有小组都能得到正确的答案，于是教师在评价时应更加关注学生在讨论中的状态，根据其学习态度给出适合的评价，本着激励学生的学习热情的原则给出进一步思考的提示。在第三阶段的合作学习中，教师将代数与几何相结合，介绍杨辉三角的简单应用，要求学生合作解决如下问题：“如图所示，如果要从点 A 到走到点 B，有几种走法？”在该问题的解决过程中，教师不仅要针对学生得出的问题答案展开评价，还要对比学生在第二阶段中的表现，找出学生的进步点，从而给出准确的评价，让学生在得到评价结果后，也能自然而然地回顾自己在小组合作中的整体表现，产生更加深刻的反思。通过在小组合作学习的不同阶段给予学生不同类型的指导与评价，教师的“教、评”与学生的自主学习充分融合，“教—学—评”一致性教学模式得以实现。

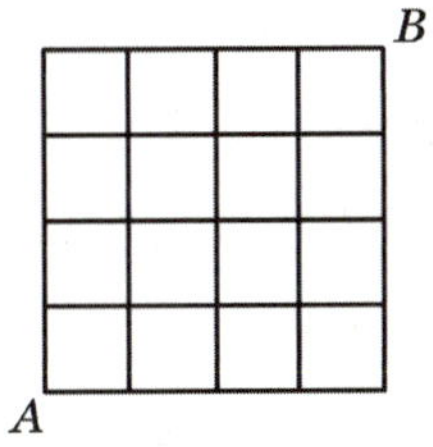

在“教—学—评”一致性教学模式中，学生仍然是学习的主体，无处不在的过程性评价应起到辅助学生自主把握学习进程的作用，学生可借助评价结果清醒地认识到自己的成长情况。“教—学—评”一致性教学模式要合理调控教师的“教”、学生的“学”和教学过程中的“评”的比例与关系，在尊重学生主观想法的前提下使教学与评价为其服务。因此，除了基于某次课堂教学或课后探究展开的短期评价，教师还要着手建立长期评价机制，通过优化小组合作机制的方式，指导学生完成长期的自我评价与相互评价。

四、丰富教学形式，体现实践性原则

在“教—学—评”一致性教学模式中，“评”的对象是一切教学与学习行为，学生在不同场景下的学习行为都需要得到准确的评价，不论是知识学习，还是综合探究，都需要合理的评价作为支持。因此，“教—学—评”一致性教学模式在初中数学课程中的实施应遵循实践性原则，这既是该种教学模式自身的属性决定的，也是新时期教育的内在要求。数学是一门与现实生活存在千丝万缕联系的学科，新课程越来越鼓励学生走出课堂，来到现实生活中使用数学方法解决实际问题，而“教—学—评”一致性教学模式的实施要兼顾课堂教学与课后实践，增添具有实践性的教学、学习与评价内容，满足新课程教学的需求。

美籍匈牙利数学家波利亚说过：“数学教育的意义并不是要教会学生去使用数学知识，而是要培养学生的思维习惯，一种数学文化修养。”数学学科核心素养致力于使学生会用数学的眼光观察现实世界，会用数学的思维思考现实世界，以及会用数学的语言表达现实世界。随着新课程教育理念的深入人心，数学课堂逐渐走出以往只看重知识学习的误区，强调实践学习的重要性，“教—学—评”一致性教学模式的构建要将课后学习过程纳入考虑范围，使学生在课后自主探究中也能及时得到教师的指导与评价。与此同时，受“双减”政策的影响，课后书面作业的时长与数量得到严格限制，综合实践活动的重要性进一步提升，成为学生消化吸收课堂所学知识的主要途径之一。“教—学—评”一致性教学模式应充分认识到当前的真实学情，针对综合实践活动学前、学中、学后的不同阶段设计评价内容，确保每个阶段的教学、学习与评价内容形成有机的整体。

例如，“课题学习　体质健康测试中的数据分析”是一项综合性较强的探究学习任务，在课题学习中，学生要参与课后实践学习收集真实的调查数据，按照教材介绍的数据分析方法解读数据的内涵并完成调查报告，完成一次真实的社会实践。教师可以借助此次综合实践活动，向学生提供实践指导与评价，使“教—学—评”一致性教学模式在学生的课后学习中发挥更大的作用。在调查数据的过程中，学生利用课间与课后时间以访谈的形式收集本年级 360 名学生的体质健康状况，以匿名的方式记录其体质健康测试的总分，并按照“90 分及以上为优秀”“75 到 89 分为良好”“60 分到 74 分为及格”与“59 分及以下为不及格”的标准初步整理收集到的数据，得到如下统计表。

成绩	不及格	及格	良好	优秀	合计
频数	13	52	173	122	360
百分比	3.6%	14.4%	48.1%	33.9%	100%

随后，学生再将统计表的数据转化为如图所示的直观的统计图，并计算各组数据的平均数、中位数、众数、方差等，从不同角度分析调查所得数据呈现出的现象、规律与趋势，根据解读的内容撰写调查报告。

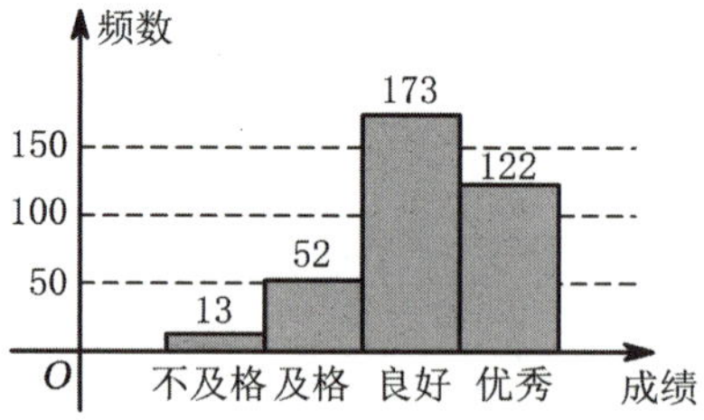

在综合实践过程中，教师根据“收集数据”“整理数据”“描述数据”与“分析数据”各个步骤的重难点内容，预设学生的可能表现，提前制订评价方案，全程跟踪学生的实践过程，及时给出指导与评价，使学生的自主学习与探究始终有教师做后盾，不论何时出现问题都能及时得到帮助，从而使“教—学—评”一致性教学模式在课外

学习场景中顺利运行。

“教—学—评”一致性教学模式是新时期教育的必然选择，该模式将教师的“教”、学生的“学”和教学过程中的“评”整合为运转流畅的整体，使学生在课内外学习中持续得到充足的支持力量，有效提升了初中数学课程的教学质量。在使用“教—学—评”一致性教学模式的过程中，教师应遵循层次性、针对性、长期性与实践性原则，结合初中数学课程的突出特征，以学生的真实学情为出发点选择教学方法，并搭配与之相适应的互动、评价方案，灵活、多变地生成不同风格的数学课堂，加快学生数学学科核心素养的成长。

第 4 节 “教—学—评”一致性实施的任务设计

“教—学—评”一致性的教学理念强调教学、学习和评价三者之间的紧密关系，要求教师在设计教学任务时，必须同时考虑学习目标与评价任务，确保三者的一致性，以促进学生的全面发展。本节将结合初中数学教学内容，深入探讨“教—学—评”一致性实施的任务设计。

一、指向核心素养设计教学任务

在“教—学—评”一致性的视角下，设计指向核心素养的教学任务是提升初中数学教学质量、促进学生全面发展的关键。核心素养是学生适应个人终身发展和社会发展需要的必备品格和关键能力，是在数学学习过程中逐步形成和发展的，在不同领域和不同阶段有不同的表现。初中阶段，核心素养主要表现为：抽象能力、运算能力、几何直观、空间观念、推理能力、数据观念、模型观念、应用意识、创新意识。

（一）明确学习目标，体现核心素养

学习目标是教学活动的出发点和归宿，也是评价教学效果的重要依据。在“教—学—评”一致性的视角下，学习目标的制订应充分体现核心素养的要求。以初中数学中的“勾股定理”为例，学习目标可以设定为：①知识目标：理解勾股定理的表述，掌握勾股定理的基本公式。②能力目标：通过运用勾股定理解决实际问题，培养学生的推理能力和运算能力。③素养目标：通过探究勾股定理的历史背景和应用实例，培养学生的几何直观、模型观念、数据观念和应用意识。这些目标不仅涵盖了数学知识的学习，而且注重学生能力的培养和素养的提升，充分体现了核心素养的要求。

（二）设计教学任务，融入核心素养

数学教学的根本目标是发展学科核心素养。新课标为一线教师的课堂教学提供了可视化的标准，评价则为课堂教学中下一步的教学活动提供依据。教师在实施具体的教学活动前，立足新课标，将课程标准细化为每节课的学习目标标准，明确学生的学习任务，以及学习前和学习后的应具有的学习表现水平，制订评价任务，从而采取教学策略组织教学活动，力求实现课堂教学的“教—学—评”一致性。

教学任务是达成学习目标的重要途径。在设计教学任务时，应充分考虑核心素养的培养要求，将核心素养融入教学任务的各个环节。以“勾股定理”为例，可以设计以下教学任务：①探究任务：引导学生通过阅读教材、查阅资料等方式，探究勾股定理的历史背景、发现过程和应用实例。这一任务旨在培养学生的抽象能力、几何直观、空间观念以及模型观念素养。②实践任务：让学生运用勾股定理解决一些实际问题，如测量校园内旗杆的高度、计算直角三角形的面积等。这一任务旨在培养学生的运算能力和数据观念素养，以及解决实际问题的能力。③创新任务：鼓励学生尝试用不同的方法证明勾股定理，或者探索勾股定理在其他领域的应用。这一任务旨在培养学生的推理能力和创新意识，以及跨学科整合知识的能力。这些教学任务不仅注重数学知识的传授，而且注重学生能力的培养和素养的提升，充分体现了“教—学—评”一致性的理念。

（三）实施教学评价，反馈核心素养达成情况

教学评价是检验教学效果、反馈核心素养达成情况的重要手段。在实施教学评价时，应注重对学生核心素养达成情况的全面评估。以“勾股定理”为例，可以采用以下评价方式：①课堂观察：通过观察学生在课堂上的表现，如参与讨论的积极性、解决问题的思路和方法等，评估学生的推理能力和运算能力。②作业评价：通过批改学生的作业，如运用勾股定理解决实际问题的过程和结果等，评估学生的运算能力和数据观念素养。③项目评价：通过评价学生完成的探究项目或创新任务，如探究勾股定理的历史背景、证明方法或应用实例等，评估学生的抽象能力、几何直观、空间观念、模型观念和创新意识。这些评价方式不仅注重对学生知识掌握情况的评估，而且注重对学生能力和素养达成情况的全面评估，为改进教学提供了有力的反馈。

在实施教学任务后，应及时进行总结与反思，分析教学任务设计的优点和不足，为持续优化教学任务设计提供依据。通过不断总结与反思，可以不断完善教学任务设计，提高教学效果，促进学生核心素养的全面提升。总之，在“教—学—评”一致性的视角下，设计指向核心素养的教学任务应明确学习目标、设计教学任务、实施教学评价和总结与反思等，并不断优化和改进，提升初中数学教学的针对性和实效性。

二、依据学习目标设计评价任务

在“教—学—评”一致性的教育理念下，评价任务的设计是确保教学目标有效达成、促进学生核心素养发展的关键环节。对初中数学教学而言，设计科学合理的评价任务，不仅能够检测学生对知识点的掌握情况，而且能评估其核心素养的发展水平。

（一）理解学习目标与评价任务的一致性

学习目标明确了学生在学习过程中应达到的预期结果，而评价任务是检测这些目标是否达成的手段。在设计评价任务时，必须确保任务与学习目标在内容主题、认知要求以及难度水平上保持高度一致。学习目标为学生指明学习的方向和预期达成的结果，是教学活动的出发点和归宿。评价任务则是衡量学生学习成效的标尺，是检测学习目标是否达成的有效手段。以核心素养为导向，教学目标为纲领，将评学教融合为一体，力求高效地促成教学目标的达成。这一目标既明确了学习的内容主题，也提出了认知要求和难度水平。以“变量与函数”的教学为例，在设计评价任务时，教师必须紧扣教学目标，确保任务与内容主题、认知要求以及难度水平保持高度一致。具体来说，“变量与函数”是人教版八年级“一次函数”第一节的内容，也是函数章节的起始课。函数是“数与代数”模块的重要内容，是刻画变量之间对应关系的数学模型。八年级学生在知识储备上，已经学习了实数、代数式、方程、不等式等知识，对数量的表示、数量之间的相等和不等关系有了一定的认知，积累了较为丰富的活动经验，具备了基本的归纳、建模等数学思想和数学运算、逻辑推理等数学素养。但八年级学生的思维还处于具体形象阶段，首次接触抽象性较强的函数概念、由常量数学迈入变量数学时，需要经历思维跨越，这是教学中的难点。因此本节课可将“在实际问题中抽象出函数的概念”确定为教学难点。抽象与概括是学习函数概念的过程中核心的认知活动，因此，教师可利用具体情境的创设，让学生在丰富的实例中，提取共同特征，抽象概括出函数的概念，学生的具象思维在此过程中向抽象思维发展和进阶。

（二）匹配评价任务与学习目标的类型

在教育教学过程中，精准匹配评价任务与学习目标的类型至关重要。学习目标呈现多样化特征，涵盖知识型、技能型、推理型、结果型以及情感型等多种类型，而与之相对应的评价任务形式也应各具特色。

（1）对知识型目标，例如“了解常量与变量的含义，能分清实例中的常量与变量，了解自变量与函数的意义”，适宜采用选择性反应评价，如选择题、填空题等形式，能够有效检测学生对知识点的记忆和理解程度，直观呈现学生对基础概念的掌握情况。

（2）对技能型目标，表现性评价则是理想之选。可通过动手实践与探索，引导学生参与变量的发现和函数概念的形成过程，让学生动手绘制函数图象，并详细解释其性质，借此评估学生的绘图技能和理解能力，进而提升其分析问题和解决问题的实践能力。

（3）针对推理型目标，如"分析函数的对应法则，变化趋势及凹凸性（增减性和最值）"，论述式评价能够大显身手。可要求学生撰写分析报告或进行口头陈述，使其充分展示自身的逻辑推理能力，清晰呈现思维过程。

（4）对结果型目标，如"运用函数解决实际问题"，项目式评价能够发挥重要作用。可布置让学生完成一个实际问题的解决方案的任务，通过这种方式全面评估学生综合运用知识的能力，考查其在真实情境下的知识迁移和应用水平。

（5）对情感型目标，如"培养对数学的兴趣和好奇心"，个别交流式评价则更为合适。可通过课堂讨论、课后访谈等多种方式，深入了解学生的学习态度和情感体验，引导学生积极探索实际问题中的数量关系，有效培养他们对学习的兴趣，激发积极参与数学活动的热情，增强学习自信心，点燃探究创新的激情之火。

（三）设计评价连续体，确保评价的连贯性

评价连续体是指从单元评价任务到课时评价任务，再到具体教学活动中的即时评价，形成一个连贯、系统的评价体系。这一体系旨在确保评价活动不仅覆盖学生学习的全过程，而且能在不同阶段提供有针对性的反馈，促进学生的持续进步。在设计评价连续体时，教师需要从以下几个方面入手：①明确单元评价任务。单元评价任务应围绕单元学习目标设计，旨在全面评估学生在整个单元学习过程中的表现。②细化课时评价任务。课时评价任务应针对每节课的具体学习目标设计，旨在及时反馈学生在课堂上的学习进展。③融入即时评价。即时评价指在教学过程中随时进行的评价活动，旨在及时发现并纠正学生的错误，促进其即时改进。例如，在"变量与函数"的教学中，教师可以通过提问、小测验等方式，及时了解学生对知识点的掌握情况，并给予针对性的指导和反馈。

设计评价连续体，可以确保评价活动在学生学习过程中形成一个连贯、系统的整体。这种评价体系不仅有助于全面评估学生的学习进展和核心素养的发展水平，而且能为教师提供有针对性的教学反馈，促进其教学策略的不断优化。以学习"变量与函数"的单元为例，教师可以设计一系列评价任务来形成评价连续体。在单元初期，可以通过选择题、填空题等形式检测学生对函数与变量基础知识的掌握情况；在单元中期，可以通过绘制图象、分析性质等任务来评估学生的理解和应用能力；在单元末期，则可以通过综合测试卷、项目式评价等方式来全面评估学生的学习成果。这些评价任务之间层层递进、相互关联，共同构成了一个连贯、系统的评价体系。

评价任务不仅用于检测学生的学习成果，而且用于反馈教学效果，为教学决策提供依据。在设计评价任务时，应注重其反馈作用，确保评价结果能够及时反馈给教师和学生，以便他们根据评价结果调整教学策略和学习方法。例如，通过课堂观察、作业批改、项目评价等方式收集评价数据，分析学生的学习进展和存在的问题，然后针对性地提供反馈和指导，帮助学生改进学习方法，提高学习效果。同时，教师也可以根据评价结果反思自己的教学设计和实施过程，不断优化教学策略，提高教学质量。

（四）评价任务的反馈与调整

评价任务的完成并不是终点，而是新的教学过程的起点。教师应通过评价任务的结果，及时了解学生的学习情况，为学生提供有针对性的反馈和建议。教师还应根据评价任务的结果，调整教学策略和方法，确保教学能够更好地满足学生的需求。

传统的“评”，仅仅局限于教学过程之后的单元测试、期中检测、期末检测等，“教—学—评”一致性的“评”应贯穿于教学的始终。“教—学—评”一致性的教学理念下，教师需明确本节课学生学习的任务是什么、需学到何种程度；教师还需明确教学的任务和目标是什么、需教到何种程度以及采取何种教学方式。通过对“学”与“教”的目标分析，教师需设定相应的评价目标，即：评价的任务是什么、需评到何种程度。基于对以上问题的思考，可制订本节课的教学与评价思路。评价任务和学习任务需保持一致，同时设计合适的评价问题，安排课堂活动，利用评价分析学生的学业表现以适时调整教学，提高教学实效，做到“教—学—评”一致性，以促进预期教学效果的达成。在此过程中，教师也可通过课堂中开展的活动，包括师生互动、小组活动、提问、交流、质疑、辩论等，评估学生掌握了什么、掌握到什么程度，明确后续的教学行为的调整方向。以下提供“变量与函数”的教学与评价思路供读者参考。

【案例四】“变量与函数”的教学与评价思路

教学情境	教学目标	学习任务	评价任务
1. 情境导入，引入新课	分析简单实际问题中存在的数量关系，感受生活中变与不变的规律，理解常量、变量和函数的概念。	任务 1：感受生活中存在变与不变的量。 任务 2：概括变量与常量的概念。 任务 3：区别简单实际问题中的变量与常量。	通过提问，诊断学生能否从情境中观察并区别变与不变的量；根据学生的动手计算和回答，诊断学生能否识别变量与常量，能否归纳出变量与常量的概念。在习题化的问题情境中，通过学生思考、教师提问，判断学生“变量”和“常量”的掌握情况。

续表

教学情境	教学目标	学习任务	评价任务
2. 再探情境，生成新知	能结合具体情境，归纳概括函数的概念。	任务 4：重回情境，能找出变量之间的数量关系及其变化规律，形成初步的抽象能力。	通过计算、思考、提问、交流、分析、合作探究等，评价学生能否从实际问题中发现两个变量之间的联系，归纳规律。
3. 补充情境，突破难点	能求出简单情境中函数自变量的取值范围，并求出函数值。	任务 5：理解函数的概念和表示法，理解函数值的意义，初步形成模型观念。	通过学生交流、回答，诊断学生能否理解以表格和图象呈现变化过程中两个变量的的关系，明白当一个变量的值确定时，可通过公式、表格、图象等方法确定另一个变量唯一的值；基于情境分析，判断学生能否从多种情境中理解自变量、函数、函数值的定义，理解函数定义中的“变化”“对应”“唯一确定”的含义，学生的归纳思想和模型观念，是否得到发展。
4. 解读情境，应用新知	学生经历“观察—思考—交流—归纳—应用”的活动，积累丰富的数学活动经验，提升思考表达和合作能力。	任务 6：在具体情境中，能从函数角度厘清自变量、函数、函数值。 任务 7：能确定简单实际问题中两个变量的函数关系式，确定函数自变量的取值范围，会求函数值，掌握函数解析式的定义，发展建模意识。	重回问题情境，通过学生作答，判断能否从函数的角度厘清自变量、函数、函数值；基于典型例题，通过学生的书写和上台板演，诊断学生能否确定函数的解析式，能否结合实际问题确定函数关系式、自变量的取值范围、对应函数值，明确函数解析式的定义。评价学生在经历“观察—思考—交流—归纳—应用”的活动后，是否积累活动经验，并运用于今后的其他学习和生活。

续表

教学情境	教学目标	学习任务	评价任务
5. 自编情境，升华认知	发展学生的归纳思想、函数思想、建模思想等数学思想，提升建模意识和创新意识的核心素养。	任务 8：创设问题背景，学生自编情境，确定函数解析式及自变量的取值范围。	根据学生小组合作交流以及小组展示，诊断学生对本节课重难点知识：函数的定义、函数解析式、自变量的取值范围等的掌握情况。同时，从素养角度，诊断学生是否具备建模意识和创新意识。

三、根据评价目标设计学习任务

学习任务是教学过程中的核心环节，承载着知识的传授、技能的培养和素养的提升。在设计学习任务时，教师应根据评价任务，确保学习任务与评价目标的一致性，从而确保教学、学习和评价三者之间的紧密关系。学习任务的设计应紧密对接评价目标，确保学习任务能够为学生完成评价目标提供充分的准备和支持。

（一）学习任务兼顾情境性和实践性

数学知识来源于生活，又服务于生活。在设计学习任务时，教师应注重创设具有情境性和实践性的学习任务，让学生在解决实际问题的过程中，感受数学的价值和魅力。例如，在“变量与函数”的教学中，教师可以设计一些与现实生活紧密相关的学习任务，如让学生调查本地某家商店的销售额与广告投入之间的关系，或者让学生分析某地区的气温变化情况等。这样的任务设计既能够提高学生的实践能力，又能够让他们深刻体会到数学在实际生活中的应用。

（二）学习任务兼具合作性和探究性

合作学习是新课程改革倡导的学习方式之一，它能够促进学生之间的交流与合作，提高学生的团队协作能力。在设计学习任务时，教师应注重培养学生的合作意识和探究精神，通过引导学生小组合作、共同探讨和解决问题，提高他们的合作能力和探究能力。例如，在“数据的收集、整理与描述”的教学中，教师可以设计这样的学习任务：让学生分组调查本校学生的课外阅读情况，然后收集、整理数据，并用统计图表进行描述和分析。在这个过程中，学生需要分工合作、相互协作，共同完成调查任务。同时，他们还需要运用所学的统计知识对数据进行分析和处理，提高自己的探究能力。

（三）学习任务兼顾层次性和递进性

学生的学习能力和认知水平存在差异，因此学习任务的设计应具有层次性和递进性，以满足不同学生的需求。教师可以设计由易到难、由简单到复杂的学习任务，让学生逐步掌握知识和技能。例如，在"分式的运算"的教学中，教师可以先设计一些简单的分式加减乘除的运算任务，让学生巩固基础知识和技能；然后逐渐增加难度，设计一些含有参数的分式运算任务，让学生提高运算能力和思维能力；最后设计一些实际应用题，让学生运用分式的运算解决实际问题。这样的任务设计既能够照顾到不同层次的学生，又能够让他们逐步提高自身的学习能力和水平。

（四）学习任务的反馈与调整

在学习任务的设计过程中，教师还应注重反馈与调整。教师可以通过观察学生的完成情况、听取学生的意见和建议等方式，及时了解学习任务的效果和存在的问题。然后根据反馈结果对学习任务进行调整和优化，确保学习任务能够更好地满足学生的需求和教学目标的要求。例如，在"三角形的证明"的教学中，教师发现学生在完成证明任务时存在困难。通过与学生交流和沟通，教师了解到学生在理解证明过程和运用证明方法方面存在问题。于是，教师可以对证明任务进行调整和优化，增加一些引导性的问题和提示信息，帮助学生更好地理解证明过程和运用证明方法。教师还可以加强对学生证明过程的指导和评价，提高他们的证明能力和思维水平。

"教—学—评"一致性的任务设计是初中数学教学中的重要环节。教师应以数学学科核心素养为指向设计教学任务，依据学习目标设计评价任务，并根据评价任务设计学习任务；还应注重学习任务的情境性、实践性、合作性、探究性、层次性和递进性以及反馈与调整等方面的工作，不断优化和完善任务设计，提高初中数学教学的质量和效果，促进学生的全面发展。以下提供"变量与函数"教学设计供读者参考。

【案例五】"变量与函数"教学设计

一、情境导入，引入新课

［导入］通过视频引入新课，视频包括以下三个场景：

情境1："复兴号"动车的时速为350 km/h，按这个速度匀速行驶，行驶时间为 t h，行程路程为 s km（不考虑到站的停靠时间），回答以下问题：

（1）根据题意，填写下表：

行驶时间 t/h	1	2	3	4	5
行驶路程 s/km					

(2) 在这个过程中，涉及了几个量？分别是什么？它们有什么特点？

情境 2：2024 年国庆档上映的电影《志愿军：存亡之战》，每张电影票的售价为 50 元。某影院第一场售出 150 张票，第二场售出 205 张票，第三场售出 310 张票。

(1) 三场电影的票房收入分别为：________________________；

(2) 在这个问题中，不变的量是________，变化的量是____________。

情境 3：你见过西湖的美景吗？见过水中的涟漪吗？圆形水波慢慢地扩大，在这个过程中：

(1) 当圆的半径 r 分别为 10 cm，20 cm，30 cm 时，圆的面积 S 分别为______，______，______；

(2) 在这个过程中，__________随______________的值的变化而变化。

学习任务 1：基于问题情境，发现实际问题中的变与不变的量。

评价任务 1：学生通过观察、回答这些情境问题，诊断学生是否能初步感知量有变化的量与不变的量区别，通过计算，能否感受两个变量间的相互影响和相互制约的关系。

实时教学调整：大部分学生都能回答出三个情境中相应的问题串，通过这种从实际问题出发，教师设问、学生思考回答的方式，让学生感受到实际问题中存在与不变的量。

过渡：在每一个变化过程中，都涉及几个量？这些量有什么特点？可以怎么区分？请同学们思考。

学习任务 2：基于已知情境，观察在这三个问题中涉及的量的特点，顺势归纳出变量与常量的概念，理解并掌握变量与常量的概念。

评价任务 2：通过三个问题情境的观察、计算、分析，教师的设问引导，诊断学生是否能归纳变量与常量的概念。以下是教学实践中不同层次的学生表现。

水平 1：涉及 3 个量，有的量在变，有的量不变。

水平 2：涉及的量能以“是否变化”来区分。

实时教学调整：刚开始，学生大都处在水平 1，通过教师的追问，学生的思考，大部分学生能提升到水平 2，知道变化过程中涉及的量可以以“是否变化”来区分。教师顺势引出变量与常量的概念，同时回到三个问题情境中，引导学生找出每个变化过程中的变量与常量。

过渡：为了巩固我们对新学概念的理解，请同学们完成书本上相应的练习，找出这些问题中的变量与常量。

学习任务 3：能区别简单实际问题中的变量与常量。

评价任务 3：借助习题化的问题情境，通过教师提问，学生作答，诊断学生是否能区别问题中的变量与常量，从而达到检测学生对变量与常量概念的掌握情况。

实时教学调整：学生独立思考，并书写，教师课堂巡查，观察学生的掌握情况。通过提问进行交流，大部分学生都能顺利地找出问题中的变量与常量。

过渡：同学们都已经能准确地找出实际问题中的变量和常量了，这也是我们这节课的学习任务之一。但仅仅会辨别变量和常量还是不够的，要想把握运动变化的规律，关键还得研究变量之间的关系。

二、再探情境，生成新知

学习任务 4：重回情境，能找出变量之间的数量关系及其变化规律，形成初步的抽象能力。

评价任务 4：重回到三个问题情境中，能否发现每个变化过程中两个变量之间的关系，能否归纳出两个变量的变化规律。以下是教学实践过程中，不同层次的学生表现。

水平 1：无法找到两个变量的关系。

水平 2：能找到当一个变量变化时，另一个变量也是变化的，比如在情境 1 中，当 t 变化时，s 随着 t 的变化而变化，但无法说明两个变量之间的对应关系。

水平 3：能发现当一个变量确定一个值时，另一个变量也有唯一确定的值与之相对应，比如在情境 1 中，当变量 t 取定具体的值时，变量 s 也有唯一确定的值与它相对应：当变量 $t=1$ 时，变量 $s=350$；当变量 $t=2$ 时，变量 $s=700$。

实时教学调整：在这个环节中，学生大都处于水平 2，能发现两个变量的变化特征，通过教师的追问：那 s 是怎样随着 t 的具体变化而变化的呢？结合具体情境，引导学生的思维从浅层次到深层次地思考。本任务结束后，大部分学生都能提高到水平 3，即理解两个变量的对应关系，清楚当一个变量变化时，另一个变量也随之变化；当一个变量确定一个值时，另一个变量也有唯一确定的值与之相对应。

过渡：事实上，一些用图象或表格表达的问题中，也能看到两个变量之间有上面的关系。

三、补充情境，突破难点

（1）下图是北京南郊某天的整点天气实况图，横坐标表示时刻 x，纵坐标表示气温 y，它们是两个变量，在气温图中，对 x 的每一个确定的值，y 都有唯一确定的值与其对应吗？

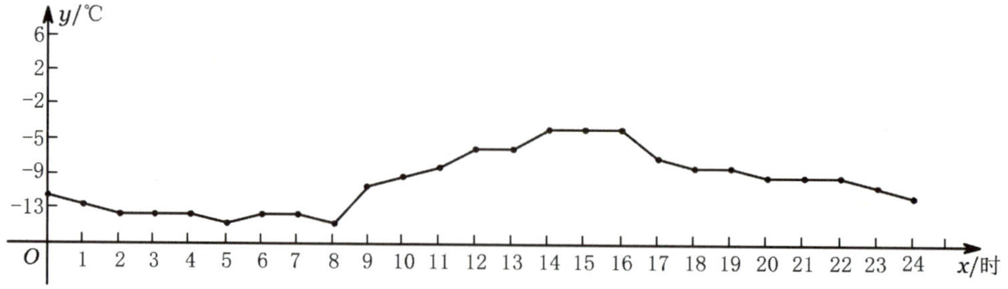

北京南郊某天的整点天气实况图

（2）下表是 1980 年以来，我国每 5 年的人口数据（不含香港、澳门特别行政区和台湾省），如果把年份与人口数记作两个变量 x 与 y，对于表中每一个确定的年份 x，都对应着一个确定的人口数 y 吗？

年份 x	1980	1985	1990	1995	2000	2005	2010	2015	2020
人口数 y/亿人	9.9	10.6	11.4	12.1	12.7	13.1	13.4	13.8	14.1

学习任务 5：能从图象和表格的角度，理解在这样的变化过程中两个变量同样存在上述的依赖关系；能从三个问题情境以及补充的两个情境（图象、表格）理解函数、函数值的概念，了解函数的表示法，初步形成模型观念。

评价任务 5：通过学生交流、回答，诊断学生能否理解以表格和图象呈现变化过程中两个变量的关系，明白当一个变量的值确定时，可通过公式、表格、图象等方法确定另一个变量唯一的值；基于多种情境分析后，得出自变量、函数的定义，判断学生能否理解函数的定义，理解函数定义中的“变化”“对应”“唯一确定”的含义。以下是教学实践中的学生表现情况。

水平 1：能通过计算，理解公式中两个变量的对应关系，但无法从图象和表格中发现这样的规律。

水平 2：既能从公式的角度发现两个变量之间的对应关系，也能从图象和表格中发现这样的规律。能将这种变化过程中的两个变量的关系共性从特殊情况迁移到一般情况，理解并掌握函数的定义。

实时教学调整：在这个环节中，学生已经能通过计算发现公式中变量之间的对应关系。本环节适时地补充情境，引导学生从计算情境转入观察情境，让学生对函数概念的认识自然、全面、充分。结合情境 1 的第（1）问，引导学生谈谈函数定义中“变化”“对应”“唯一确定”的含义。学生交流讨论，教师引导学生进行点评，顺势带出函数值的概念，突破了本节课的难点。

过渡：我们再回到情境中，在情境 1～3 的变化过程中，哪个量是自变量？哪个量是自变量的函数？请同学们思考。

四、解读情境，应用新知

学习任务 6：重回情境，能从函数的角度分析变化过程中两个变量的关系，让学生养成用数学的眼光观察现实世界，用数学的思维思考世界的习惯。

评价任务 6：重回到三个问题情境中，通过学生作答，教师补充，判断能否从函数的角度厘清变量的对应关系，即：自变量、函数、函数值等。

实时教学调整：经过上一环节的学习，学生已形成函数概念，重回情境，对函数概念进行辨析。大部分学生基本上能说清在情境1～3中涉及的两个变量，哪个是自变量、哪个是函数，哪个是自变量所对应的函数值。

过渡：为了加以巩固，我们看下这道例题。

例题：汽车油箱中有汽油50 L，如果不加油，那么油箱中的油量 y（单位：L）随行驶路程 x（单位：km）的增加而减少，耗油量为0.1 L/km。

（1）这一变化过程中，自变量是________，自变量的函数是_______；

（2）写出两个变量 y 与 x 的函数关系式；

（3）指出自变量的取值范围；

（4）汽车行驶200 km时，油箱中还有多少升汽油？

学习任务7：能确定简单实际问题中两个变量的函数关系式，确定函数自变量的取值范围，并会求函数值，掌握函数解析式的定义，发展模型观念，引导学生把所学的数学知识与现世界相联系的意识和能力。

评价任务7：精选例题，通过学生的书写和上台板演，诊断学生能否确定实际问题中的函数解析式，能否结合实际问题确定函数关系式、自变量的取值范围、对应函数值，明确函数解析式的定义。

实时教学调整：该例题的第（1）问和第（4）问的设置是为了考查自变量、自变量的函数和函数值等本节课重点知识的落实；第（2）问和第（3）问考查了用学生熟悉的列式解不等式的问题，归纳出函数解析式和自变量取值范围这两个新知识。大部分学生都能准确得出问题的答案。教师适时板演，给学生呈现书写的规范性。

五、自编情境，升华认知

导入：（小组合作）用一根长为40 cm的绳子（无弹性）和身边的其他物品设计一个包含两个变量的变化过程。

（1）在这个变化过程中，自变量和自变量的函数分别是哪些量？

（2）写出函数解析式和自变量的取值范围。

学习任务8：创设问题背景，学生自编情境，确定函数解析式及自变量的取值范围。学生自主设计，小组内交流讨论、小组代表汇报成果、其他小组进行补充完善。

评价任务8：根据学生小组合作交流以及小组展示，小组成员上台板书自编变化过程的自变量、自变量的函数、函数的解析式和自变量的取值范围，教师引导其他学生进行纠错，特别是函数解析式和自变量的取值范围容易出错，可以适当提醒。借此诊断学生对本节课重难点知识：函数的定义、函数解析式、自变量的取值范围等的掌握情况。

同时，从核心素养角度，诊断学生是否具备模型观念和创新意识。以下是教学实践过程中，不同水平层次学生的反馈情况。

水平 1：无法自编情境。

水平 2：能设计情境，但无法准确地描述两个变量的关系，从而无法得出函数的表达式。

水平 3：对设计的情境，能清晰地从函数的角度描述两个变量的关系式、得到自变量的取值范围。

实时教学调整：通过情境进行概念教学，以往的情境大多是教师提供，而该环节中学生自发、主动地设计情境，不仅能激发学生的学习积极性，还可以培养学生的模型观念，学生的自编自答，是对学习效果的最好检验。部分学生在设计问题时，会出现逻辑错误，对设计好的情境无法确定函数的解析式，也无法明确自变量的取值范围。比如有一组学生设计了这个情境：用一根长为 40 cm 的绳子围成一个长方形，若面积为 x cm^2，写出边长 y cm 与面积 x cm^2 之间的函数关系。在这个问题中，学生找不到自变量，从而不能直接找出对应的函数解析式。教师引导学生发现问题，如果将自变量与因变量对调，能否找出函数的解析式？学生小组讨论，生生互评，提升部分学生建模能力和应用意识。

“教—学—评”一致性的教学，关注评价目标与教学目标的协同一致、评价任务与学习任务的协同一致，强调教学活动的设计要以核心素养为纲、教学目标为据，以评促教、以评促学。依托评价目标和评价任务，教师通过观察、分析学生在教学过程中完成任务的情况，从而调整教学行为，使之更好地完成教学目标。

本课例以核心素养为纲领，以课程标准为依据，设计教学评价思路和教学活动，利用评价分析学生的学业表现以适时调整教学，做到“教—学—评”一致性，以促进预期教学效果的达成。在教学实施过程中，依据学生的课堂表现，划分学生的认知水平，以此为教学契机，通过师生互动、教师追问、学生交流、小组活动交流、质疑、生生互评等方式，帮助学生找到解决问题的思路和问题，引导低水平认知层次的学生向高水平认知层次的学生靠拢，从而达成教学目标，发展学生的核心素养，真正做到让评价贯穿课堂始终，让学习目标在课堂中落地生根，实现课堂教学的“教—学—评”一致性。

第 5 节 “教—学—评”一致性实施的教学策略

“教—学—评”一致性强调教学目标、教学过程和教学评价三者之间的紧密关联和相互支持，旨在通过评价导向引领学生发展，通过学习内容关联素养表现，通过教学过程深化学生体验，最终通过评价结果改进教学活动。本节将结合初中数学教学实践，详细探讨“教—学—评”一致性的实施要点。

一、以评价导向引领学生发展

评价是教学过程中的重要环节，不仅能够反映学生的学习成果，更能够引导学生的发展方向。在初中数学教学中，实现“教—学—评”一致性的首要任务就是以评价导向引领学生发展。

（一）明确评价目标，与教学目标相契合

评价目标应该与教学目标紧密相连，确保评价活动能够准确反映教学目标的实现程度。在初中数学教学中，教师应该根据课程标准和教材要求，制订明确的教学目标，如掌握基本的数学概念、运算技能、解题方法等。同时，评价目标也应该围绕这些教学目标来设定，确保评价活动能够有效衡量学生的学习成果。例如，在“一次函数”的教学中，教学目标可以设定为理解一次函数的概念、掌握一次函数的图象和性质、能够运用一次函数解决实际问题。相应地，评价目标就可以设定为通过测试题、作业或口头提问等方式，检查学生对一次函数概念的理解程度、图象和性质的掌握情况以及运用一次函数解决实际问题的能力。

（二）采用多元化评价方式，全面反映学生发展

传统的评价方式往往侧重于纸笔测试，这种单一的评价方式难以全面反映学生的发展状况。因此，在初中数学教学中，教师应该采用多元化的评价方式，包括纸笔测试、口头提问、课堂观察、作品展示、项目报告等，以全面、客观地评价学生的学习成果和发展状况。例如，在“几何图形初步”的教学中，教师可以通过纸笔测试检查学生对几何图形基本概念和性质的掌握情况；通过课堂观察评价学生的课堂参与度、合作精神和思维能力；通过作品展示和项目报告评价学生的创新能力和实践能力。这种多元化的评价方式能够更全面地反映学生的发展状况，为教师的教学提供更有价值的反馈。

（三）发挥评价的激励作用，促进学生主动发展

评价不仅仅是为了衡量学生的学习成果，更重要的是要发挥它的激励作用，促进学生主动发展。在初中数学教学中，教师应该注重评价的正面激励作用，通过表扬、奖励等方式鼓励学生的进步和努力；同时，也要注重评价的诊断和发展功能，帮助学生发现自己的不足和需要改进的地方，引导他们制订个人发展计划，主动寻求进步。例如，在“二次函数”的教学中，教师可以设置一些具有挑战性的题目，鼓励学生尝试解答。对能够成功解答的学生，教师可以给予表扬和奖励；对解答有困难的学生，

教师可以提供指导和帮助，鼓励他们不要气馁，继续努力。这种正面激励的评价方式能够激发学生的学习积极性和主动性，促进他们的全面发展。

二、以学习内容关联核心素养表现

数学课程要培养的学生核心素养，是通过数学活动逐步形成与发展的正确价值观、必备品格和关键能力。在初中数学教学中，实现“教—学—评”一致性的重要任务之一就是将学习内容与核心素养表现紧密关联起来。

（一）挖掘数学内容中的核心素养表现

初中数学内容中蕴含着丰富的核心素养表现，教师应该深入挖掘这些核心素养，将它们融入教学过程中，引导学生在学习数学知识的同时提升核心素养水平。例如，在“全等三角形”的教学中，教师可以引导学生通过观察、比较、分析等方式，发现全等三角形的性质和判定方法，培养他们的推理能力和抽象能力；同时，通过解决实际问题，引导学生运用全等三角形的知识建立数学模型，培养他们的数学建模能力。

（二）设计素养导向的教学活动

教学活动是实现学习内容与核心素养表现关联的重要途径。教师应该根据数学内容和核心素养表现的特点，设计具有针对性的教学活动，引导学生在学习过程中逐步提升核心素养水平。例如，在“数据的收集、整理与描述”的教学中，教师可以组织学生进行社会调查或实验活动，让他们亲自收集数据、整理数据并用图表描述数据。这样的教学活动不仅能够让学生掌握数据收集、整理与描述的基本方法，而且能够培养他们的数据分析能力和实践操作能力。

（三）建立核心素养表现的评价标准

为了准确衡量学生的核心素养表现，教师需要建立明确的评价标准。这些标准应该根据数学内容和素养要素的特点来制订，具有可操作性和可衡量性。例如，在“概率初步”的教学中，教师可以制订以下评价标准：学生能够正确理解概率的基本概念；能够运用概率公式计算简单事件的概率；能够用概率知识解决实际问题等。这样的评价标准能够帮助学生明确自己的学习目标，也能够帮助教师准确衡量学生的核心素养表现。

三、以教学过程深化学生体验

教学过程是实现"教—学—评"一致性的关键环节。在初中数学教学中，教师应该注重教学过程的优化和设计，深化学生的学习体验，提升他们的学习兴趣和积极性。

（一）创设情境化教学环境

情境化教学环境能够让学生更好地理解和应用数学知识。教师应该根据数学内容的特点，创设贴近学生生活实际的情境化教学环境，引导学生在实际情境中学习和应用数学知识。例如，在"一次方程与不等式"的教学中，教师可以创设购物、租车等实际情境，引导学生运用一次方程与不等式的知识解决实际问题。这样的情境化教学环境能够让学生感受到数学的实用性和趣味性，提升他们的学习兴趣和积极性。

（二）开展合作学习活动

合作学习能够促进学生的交流与合作，提升他们的团队协作能力和沟通能力。在初中数学教学中，教师应该积极开展合作学习活动，鼓励学生相互帮助、共同进步。例如，在教学"几何图形的变换"时，教师可以将学生分成小组，让他们一起探讨几何图形的变换规律和性质。在合作过程中，学生可以相互交流自己的想法和观点，共同解决问题。这样的合作学习活动不仅能够提升学生的团队协作能力，而且能够培养他们的沟通能力和创新思维。

（三）注重思维过程的培养

数学教学不仅仅是传授知识，更重要的是培养学生的思维能力。在初中数学教学中，教师应该注重学生的思维过程，引导他们学会思考、学会分析、学会解决问题。例如，在教学"二次方程的解法"时，教师可以引导学生通过观察方程的特点、尝试不同的解法等方式，逐步探索出二次方程的解法规律。在这个过程中，教师应该注重学生的思维过程，鼓励他们大胆尝试、勇于创新。这样的教学方式能够培养学生的思维能力和创新精神，提升他们的数学素养。

四、以评价结果改进教学活动

评价结果是教学活动的重要反馈信息，它能够帮助教师了解学生的学习状况和教学效果，为改进教师的教学活动提供有力依据。

（一）及时分析评价结果

教师应该及时分析评价结果，发现教学过程中存在的问题和不足。例如，通过分析学生的测试成绩、作业情况和课堂表现等评价结果，教师可以了解学生对知识的掌握程度、学习态度和思维能力等方面的情况，发现教学中存在的问题和薄弱环节。

（二）针对问题调整教学策略

针对评价结果中发现的问题，教师应该及时调整教学策略和方法。例如，对掌握不牢固的知识点，教师可以加强讲解和练习；对学习态度不够端正的学生，教师可以进行思想教育和引导；对思维能力较弱的学生，教师可以设计一些具有挑战性的题目来锻炼他们的思维能力。

（三）持续跟踪评价效果，优化教学过程

改进教学活动是一个持续的过程，教师需要持续跟踪评价效果，不断优化教学过程。例如，教师可以定期对学生进行测试或问卷调查，了解他们对教学活动的满意度和建议；同时，教师也可以与其他教师进行交流和研讨，分享教学经验和心得，共同探讨改进教学活动的方法和策略。

“教—学—评”一致性在初中数学教学中的实施要点包括以评价导向引领学生发展、以学习内容关联素养表现、以教学过程深化学生体验以及以评价结果改进教学活动。这些要点相互关联、相互支持，共同构成了“教—学—评”一致性的完整框架。教师应该根据具体情况灵活运用这些要点，不断优化教学过程和评价方式，提升教学质量和学生的全面发展水平。同时，教师也应该注重自身的专业素养和评价能力的提升，不断更新教育理念和教学方法，为“教—学—评”一致性的实施提供有力保障。以下提供基于“教—学—评”一致性的初中数学“勾股定理”单元教学实例供读者参考。

【案例六】基于“教—学—评”一致性的初中数学“勾股定理”单元教学实例

一、确定“勾股定理”单元内容

从人教版“勾股定理”单元内容来看，本单元的内容要求是探索勾股定理及其逆定理，并能运用它们解决一些简单的实际问题，从而加深对直角三角形的认识。

二、确定“勾股定理”单元教学要素

（一）内容分析

勾股定理，亦称毕达哥拉斯定理，是数学史上人类最早认识且在数学及生活领域

中应用极为广泛的定理之一，至今仍推动着数学的发展。勾股定理是中学阶段学习的关键定理，与众多中学知识点紧密相关，如解方程、数系的扩展、平面上两点间的距离等均与勾股定理知识密切相关。在中学数学几何教学过程中，勾股定理也是证明初等平面几何问题的常用定理。同时，勾股定理在日常生活中也有广泛的应用，如工程师计算物体距离和位置、园艺中确定树木是否垂直生长等。此外，本章节中关于逆命题与逆定理的内容，有助于学生理解一个定理的逆命题并不一定成立。综上所述，在教学过程中，可以从数学史和生活中的数学两个角度切入勾股定理单元的教学，既能让学生从数学发展史中认识到勾股定理的重要性，也能从日常生活中发现勾股定理的应用价值。

（二）课标分析

根据课标要求，"勾股定理"的教学目标包括探索勾股定理及其逆定理，并能运用它们解决一些简单的实际问题。在课标的范例内容中，对勾股定理的直观证明，建议采用动态作图软件，利用面积的不变性帮助学生理解勾股定理，然后逐步深入讲解勾股定理的严谨证明。在勾股定理逆定理的讲解过程中，帮助学生辨析逆定理与逆命题的区别与联系，让学生体会数学的准确性和严谨性。通过本单元的学习，旨在发展学生的几何直观、数形结合、合情推理和演绎推理等能力，进一步发展学生的数学学科核心素养。

（三）教材分析

1. 教材整体分析

在学习勾股定理单元之前，学生已经掌握了直角三角形的相关性质。勾股定理是直角三角形的重要性质，也是平面几何的关键定理，揭示了直角三角形三条边之间的数量关系，为后续学习解三角形提供了知识基础。教材通过几何直观和演绎推理证明，循序渐进地引导学生认识勾股定理及其逆定理，并通过应用练习帮助学生理解勾股定理及其逆定理，使其能够正确使用勾股定理及其逆定理。同时，勾股定理逆定理的学习也引入了逆定理与逆命题的概念，进一步加深学生对数学严谨性的认识。此外，通过数学史上勾股定理的相关介绍，加深学生对勾股定理重要性的认识。

2. 单元框架分析

根据教材内容，得到单元框架如下图所示。

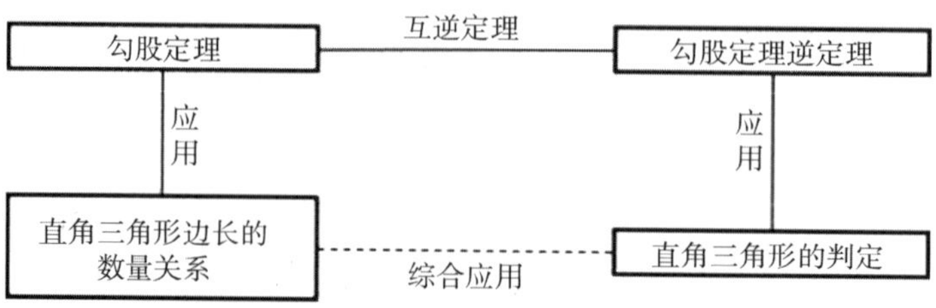

（四）学情分析

“勾股定理”的学习是面向八年级的学生，基于八年级学生的知识基础、心理特点和学生学习的平均水平，以下将从学生的知识基础、认识水平、生活经验和兴趣动机四个方面进行学情分析。

从学生的知识基础来看，在本单元的学习之前，学生已经对直角三角形有了一定的认识，了解直角三角形的定义和相关性质，具备了一定的知识基础。在本单元学习之前，学生只知道通过三角形的内角来判断一个三角形是不是直角三角形。通过本单元的学习，教师为学生引入从边的角度判断一个三角形是不是直角三角形，同时通过勾股定理逆定理的证明，引入逆命题与逆定理的概念，讲解几何证明过程中重视模型的构建，通过适当的直观展示，帮助学生理解相关知识。

从学生的认知水平来看，八年级阶段的学生抽象思维能力不强，因此，教师在具体讲解勾股定理及其逆定理的证明过程中，需要重视图象的展示，应当采取动态图形，同时也要让同学们自主发现、自主总结，让学生在观察和探索中，激发学习数学的乐趣，教师应当积极引导学生主动表达，锻炼学生数学语言的表达能力，切实落实学生数学核心素养的发展。

从学生的生活经验来看，直角三角形属于生活中常见的数学模型，学生能够通过已有知识经验观察图形的动态变化，从几何直观的角度理解勾股定理及其逆定理的证明，但学生对严谨的逻辑推理证明并不熟练，数学语言的表达能力并不强。因此，在本单元的教学中要注重培养学生的演绎推理能力，同时锻炼学生的数学语言表达能力。

从学生的兴趣动机来看，本单元的知识内容与学生的日常生活联系很多，生活中有许多的直角三角形模型，都可以用到课堂教学，引发学生的思考兴趣。除此之外，也有许多有趣的数学史上的小故事。例如，中外勾股定理的发现与证明，费马大定理等，通过这些数学小故事，既可以让学生感受到数学的妙趣横生，也可以让学生对勾股定理及其逆定理的证明和应用印象更加深刻。

（五）重难点分析

1. 教学重点分析

通过对内容、教材、课标和学情的分析，得出本单元的教学重点内容是勾股定理及其逆定理的证明和应用。要想达到预期的单元教学目标，突出单元的教学重点，在教学过程中应准备好帮助学生证明和应用勾股定理及其逆定理的辅助手段，利用好现代信息技术，从生活中的实际情境出发创设情境，在勾股定理及其逆定理的证明过程中，要做到从直观到抽象，循序渐进地让学生接受并理解证明的全过程，做好提问和追问，帮助学生构建好知识体系。

2. 教学难点分析

"勾股定理"单元教学的难点是对勾股定理及其逆定理证明方法的理解，因此，在讲解过程中，一定要帮助学生理解证明方法中所包含的数学思想，在设置教学任务和评价时，一定要切实考虑到学生的理解能力，制订合适的活动和评价，做好方案，在适当时机给予引导，做好师生、生生之间的互相评价。通过教学，要能让各个层次的学生都能理解本单元定理的证明过程，对勾股定理及其逆定理的知识有系统化的讲解和总结，构建完善的知识体系。

（六）教学方式分析

为了在实际教学过程中能够更好地突出单元教学重点，突破单元教学难点，真正让学生得到发展，在单元教学中落实数学学科核心素养，"勾股定理"的单元教学方式应当做到以下三点：

1. 做好探究引入，确保学生的课堂参与

"勾股定理"这一单元是初中阶段平面几何的重要部分，它承接了之前对平面几何证明的内容，也为之后学习平行四边形的性质和判定定理做好铺垫。因此，在引入过程中需要把握学生已有的知识基础，找到学生的最近发展区，在讲解勾股定理时，要建立在学生对直角三角形的已有认识上，从学生熟悉的知识出发，引导学生参与其中，小组合作讨论，让学生能够真正参与到课堂中来。

2. 利用好现代信息技术，辅助课堂教学

在平面几何的教学中，利用好数学现代信息技术，如几何画板等作图软件进行动图演示，能很好地通过几何直观让学生更好地理解勾股定理及其逆定理证明方法，同时也可以增加课堂的趣味性。除此之外，现代信息技术也可以用来调节课堂教学流程，例如，课堂提问中进行"随机点名"，小组成果展示等，让课堂更加生动活泼，让学生真正融入课堂。

3. 善用评价语言，做好引导和评价

在课堂教学过程中，教师对学生的引导，对学生回答的评价，学生之间的讨论与评价等交流不容忽视。例如，在勾股定理的证明过程中，善用语言引导，拆解证明过程，让学生随着老师的思路得到勾股定理的证明；在学生回答教师提问的过程中，适当进行追问，让学生进行深度思考；在学生回答完问题或者给出回应时，及时给出评价，让学生得到即时反馈，发现自己的收获和不足。通过这些评价交流，学生的思维得到发展，核心素养得到落实。

三、设计"勾股定理"单元与课时教学目标

1. 单元目标的设定

综合前面各要素的分析，得出单元教学目标如下：

单元目标 1：通过探究、证明和应用勾股定理及其逆定理，发展空间观念和推理能力，体会勾股定理的数学文化价值。（核心目标）

单元目标 2：通过探究勾股定理及其逆定理的证明，理解其证明方法的基本思想和内在联系，发展几何直观和推理能力，掌握勾股定理及其逆定理的内容，并能运用它们解决简单的实际问题。（基础目标）

单元目标 3：经历勾股定理及其逆定理的观察—猜想—归纳—验证过程，通过毕达哥拉斯证法、总统证法等证明方法，体会数形结合、化归的数学思想。（提高目标）

单元目标 4：通过学习探究勾股定理，在解决实际问题的过程中，感受小组合作交流的过程，培养数学来源于生活的理念，能够用数学的语言表达生活中的勾股定理问题，同时通过了解勾股定理的数学史，加深对数学文化的认识和民族自豪感。（提高目标）

单元目标 5：掌握勾股定理及其逆定理的内容和应用场景，综合运用勾股定理及其逆定理解决一些简单的生活问题。（基础目标）

2. 课时目标的设定

参考教师用书、课程标准及相关文献，并结合学生的实际学习情况，对单元内容进行课时安排，详见表 1。

表 1　“勾股定理”课时安排

课时名称	课时	课时类型
探究勾股定理	1 课时	新授课
勾股定理的应用	1 课时	应用课
探究勾股定理逆定理	1 课时	新授课
勾股定理逆定理的应用	1 课时	应用课
勾股定理的综合应用	1 课时	复习课

针对上述课时安排和单元教学目标，我们将为每个课时制订具体的教学目标。

（1）课时 1：探究勾股定理。

课时目标 1：使用面积法探究勾股定理，培养合情推理能力。（单元目标 1）

课时目标 2：经历观察—猜想—归纳—验证的过程探究勾股定理，提升用数学语言表达世界和逻辑推理的能力，体会数形结合的数学思想以及从特殊到一般的证明思想。（单元目标 3）

课时目标3：了解勾股定理证明的历史，增强对数学的兴趣，感受数学之美。（单元目标4）

课时目标4：深入理解勾股定理的含义，能够运用勾股定理计算三角形的边长。（单元目标5）

（2）课时2：勾股定理的应用

课时目标1：通过知识回顾，加深对勾股定理的理解，并学会如何将勾股定理运用于解决实际问题。（单元目标2）

课时目标2：能够综合运用勾股定理解决实际问题，掌握解决勾股定理问题的一般步骤。（单元目标5）

（3）课时3：勾股定理逆定理

课时目标1：通过合作探究，合情推理出勾股定理逆定理。（单元目标1）

课时目标2：在探究勾股定理逆定理的过程中，理解其证明过程，掌握逆命题、逆定理、互逆命题和互逆定理的概念，并能表述出一个命题的逆命题。（单元目标3）

课时目标3：通过对勾股定理逆定理的探究，学会运用逆定理判断一个三角形是否为直角三角形，进一步提升逻辑推理和数学语言表达的能力。（单元目标5）

（4）课时4：勾股定理逆定理的应用

课时目标1：通过知识回顾，加深对勾股定理逆定理的理解，并学会如何将逆定理运用于解决实际问题。（单元目标2）

课时目标2：能够综合运用勾股定理逆定理解决实际问题，明确解决逆定理问题的一般步骤。（单元目标5）

（5）课时5：勾股定理的综合应用

课时目标1：回顾勾股定理及其逆定理的证明过程，将所学解决问题的方法运用于具体问题中。（单元目标5）

课时目标2：熟练掌握勾股定理及其逆定理解决问题的一般步骤，能够有效地将题目信息与定理内容相结合。（单元目标5）

四、规划“勾股定理”学习目标，设计评价任务

依据所确立的教学目标，制订“勾股定理”的学习目标，并设计了相应的评价任务（参见表2至表6）。教师应根据教学需求，确保学生理解各课时的学习目标和评价任务，为学生提供明确的学习指引。

表 2　课时 1"探究勾股定理"学习目标与评价任务

学习目标	评价任务
1. 从等腰直角三角形到普通直角三角形，合理猜想归纳出直角三角形两直角边和斜边的关系。(课时目标 1) 2. 在探究证明过程中，归纳得出直角三角形的三边关系，得到勾股定理并推导其变式。(课时目标 2) 3. 通过对勾股定理的多种证明方法的学习，加深对勾股定理的理解，直观感受数学的文化魅力。(课时目标 3) 4. 能够理解勾股定理的条件及其数学语言所表示的含义，解决一些勾股定理的相关问题。(课时目标 4)	1. 通过计算等腰直角三角形三边所对应的三个正方形的面积，从特殊到一般初步归纳得出普通直角三角形的三边关系。 2. 观察"赵爽弦图"，按小组分工分别计算图形的面积，在教师引导下通过小组讨论得到勾股定理并推导其变式。 3. 了解数学史上关于勾股定理的多种证明方法，从勾股定理的证明过程中感受古人的智慧和数学文化的源远流长。 4. 通过辨析题加深理解勾股定理的成立条件，参与课堂问题解答，独立解决相关的数学问题。互评过程中，对同组同学给出公正的评价。

表 3　课时 2"勾股定理的应用"学习目标与评价任务

学习目标	评价任务
1. 进一步了解勾股定理的内容和注意事项，知道运用勾股定理解决问题的适用场景。(课时目标 1) 2. 掌握直接运用勾股定理这类问题的解题方法，了解此类题目的特点，能规范写出解题过程。(课时目标 2) 3. 掌握勾股定理在斜三角形的应用，了解此类题目的特点，能规范写出解题过程。(课时目标 2) 4. 掌握勾股定理在最短距离问题中的应用，了解此类题目的特点，能够规范写出解题过程。(课时目标 2)	1. 回顾梳理勾股定理，能够回答出勾股定理的使用条件和公式含义，发现运用勾股定理解决实际问题的方法。 2. 能够规范作答直接运用勾股定理的一类问题，能够根据实际问题建立直角三角形模型，画出几何图形，直接利用勾股定理的知识求解问题。 3. 能够规范作答勾股定理在斜三角形应用的一类问题，能够根据实际问题建立直角三角形模型，画出几何图形，利用勾股定理和方程知识求解问题。 4. 能够规范求解勾股定理在最短距离问题中的应用，能够根据实际问题建立直角三角形模型，画出几何图形，利用勾股定理和平面几何的知识求解问题。互评过程中，对同组同学给出公正的评价。

表 4　课时 3“探究勾股定理逆定理”学习目标与评价任务

学习目标	评价任务
1. 通过活动探究，发现满足构成直角三角形三边存在的关系，能模仿勾股定理对结论进行初步归纳。（课时目标 1） 2. 掌握勾股定理逆定理的内容，能够理解勾股定理逆定理的推导过程，认识到数学的严谨性。（课时目标 2） 3. 掌握逆命题、逆定理、互逆命题和互逆定理的概念，能够举例说明它们之间的关系。（课时目标 2） 4. 掌握勾股定理逆定理，并使用勾股定理逆定理判断一个三角形是不是直角三角形，理解勾股数的概念。（课时目标 3）	1. 通过借助古埃及人画直角方法的视频引入，思考如何构造一个直角三角形，再通过小组合作，根据给出的边长画出三角形，并通过量角器测量和三角形三边关系计算，合理猜想直角三角形的三边关系。 2. 在教师的提示下进行小组合作，对勾股定理逆定理的内容进行探究证明，利用构造法严格证明勾股定理逆定理。 3. 通过对比勾股定理及其逆定理的异同，理解记忆逆命题、逆定理、互逆命题和互逆定理的概念。 4. 解决一些勾股定理逆定理的例题，再根据自身能力完成一些练习题，运用勾股定理逆定理思考解答，积极参与课堂解答，能够完成自身能力的数学问题。互评过程中，对同组同学给出公正的评价。

表 5　课时 4“勾股定理逆定理的应用”学习目标与评价任务

学习目标	评价任务
1. 加深了解勾股定理逆定理的内容和注意事项，知道勾股定理逆定理的适用场景。（课时目标 1） 2. 能利用勾股定理逆定理解决直角三角形判定问题，了解此类题目的特点，能规范写出解题过程。（课时目标 2） 3. 能利用勾股定理逆定理解决不规则图形面积问题，了解此类题目的特点，能规范写出解题过程。（课时目标 2） 4. 能利用勾股定理逆定理解决方向角问题，了解此类题目的特点，能规范写出解题过程。（课时目标 2）	1. 回顾勾股定理逆定理内容，思考如何运用勾股定理逆定理解决实际问题。 2. 分析直角三角形判断问题的题型特点，能通过例题和习题的练习归纳总结运用勾股定理逆定理解决问题的基本步骤。 3. 分析不规则图形面积问题的题型特点，能通过例题和习题的练习归纳总结运用勾股定理逆定理解决问题的基本步骤。 4. 分析方向角问题的题型特点，能通过例题和习题的练习归纳总结运用勾股定理逆定理解决问题的基本步骤。互评过程中，对同组同学给出公正的评价。

表 6　课时 5“勾股定理的综合应用”学习目标与评价任务

学习目标	评价任务
1. 能使用文字语言和数学语言表达勾股定理及其逆定理内容，了解使用勾股定理及其逆定理的情况。(课时目标 1) 2. 能够规范熟练地运用勾股定理解决问题，归纳出勾股定理解决实际问题的一般步骤。(课时目标 2) 3. 能够规范熟练地运用勾股定理逆定理解决问题，归纳出勾股定理逆定理解决实际问题的一般步骤。(课时目标 2) 4. 能够规范熟练地综合运用勾股定理及其逆定理解决问题，归纳出综合运用勾股定理及其逆定理解决实际问题的一般步骤。(课时目标 2)	1. 通过默写的形式回顾勾股定理及其逆定理内容，小组内检测对勾股定理及其逆定理注意事项的掌握情况。 2. 练习勾股定理应用的习题，能够运用勾股定理完成数学问题，发现题目信息与勾股定理内容的关联，总结归纳解题思路。 3. 练习勾股定理逆定理应用的习题，能够运用勾股定理逆定理完成数学问题，发现题目信息与勾股定理逆定理内容的关联，总结归纳解题思路。 4. 练习综合运用勾股定理及其逆定理的习题，能够综合运用勾股定理逆定理来完成数学问题，发现题目信息与勾股定理及其逆定理内容的关联，总结归纳解题思路。互评过程中，对同组同学给出公正的评价。

五、设计“勾股定理”学习活动，落实教学目标

下面给出课时 1“探究勾股定理”新授课的课例，其他课时请读者自行设计。需要说明的是教学活动设计中教师评价和学生回答都为预设，具体根据课堂情况调整。

课时 1：探究勾股定理

教学环节	教师活动	学生活动	评价方法与设计意图
新课引入	【图片展示】展示课本上的中国举办的国际数学家大会会徽“赵爽弦图”。 【导入】引导学生观察图形，让学生指出会徽中已学习的图形。 【评价、解释】很好，同学们很敏锐地发现了其中的正方形和三角形，这是 2002 年在北京召开的国际数学家大会会徽，这个图形与我们数学中著名的勾股定理有密切的联系，本节课让我们来看一看勾股定理与我们的图形有什么关联。 	【思考、回答】观察图形，发现并回答该图形由 4 个全等直角三角形和 1 个小正方形构成，共同构成 1 个大正方形。	【评价方法】学生根据图片和教师提问进行思考回答，教师诊断学生对已有知识的掌握情况。 【设计意图】培养学生从图形中提取信息的能力，同时及时对回答问题的学生给予鼓励评价，体现“教—学—评一致性”中的“学—评”一致性，以评促学，起到激发学生对课程内容的兴趣。

课时目标 1：使用面积法探究勾股定理，培养合情推理能力

教学环节	教师活动	学生活动	评价方法与设计意图
【学习活动 1】初探勾股定理。 【学习目标 1】从等腰直角三角形到普通直角三角形，合理猜想归纳出直角三角形两直角边和斜边的关系。 【评价任务 1】通过计算等腰直角三角形三边所对应的三个正方形的面积，从特殊到一般初步归纳得出普通直角三角形的三边关系。	【探究问题 1】毕达哥拉斯到朋友家作客，看到朋友家地板是由等腰直角三角形铺成的，他观察地板发现了图中三个正方形 A，B，C 的面积有一定的关系，你来找找它们之间有什么关系，你是怎么想的？ 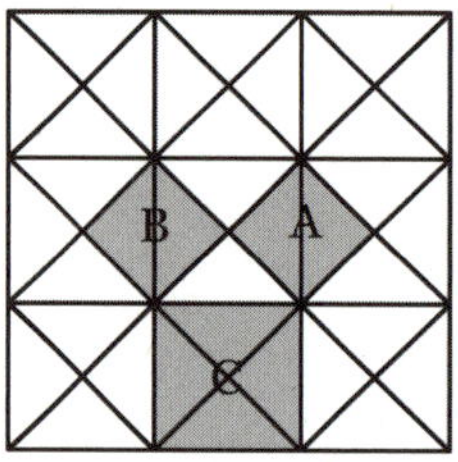 【追问 1】由这三个正方形 A，B，C 的边长构成的等腰直角三角形的三条边长度之间有怎样的特殊关系？ 【评价】学生 1 回答得很准确，他利用等腰直角三角形和正方形的面积公式发现了，发现了等腰直角三角形的三边关系，表达准确。 【探究问题 2】对一般的直角三角形，以它的三边为边长的三个正方形 A，B，C 是否也有类似的面积关系？下图一个网格代表 1 个单位长度，大家小组交流讨论，教师随机抽取小组成员进行回答。 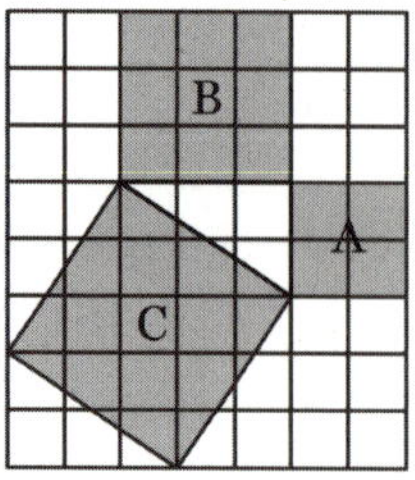	【思考、回答】 正方形 A 与正方形 B 的面积之和为正方形 C 的面积。因为正方形 A，B，C 都是由全等的等腰直角三角形构成的，正方形 A，B 都由 2 个等腰直角三角形组成，正方形 C 由 4 个等腰直角三角形组成。 【学生 1 回答】 因为正方形的面积是边长的平方，等腰直角三角形的三条边的长正好分别是三个正方形的边长，所以有两直角边的平方的和等于斜边的平方。	【评价方法】教师展示探究问题，引导学生回答问题，教师根据学生的回答情况进行及时评价，同时展开追问调动学生思考。 【设计意图】通过数学史上的小故事，引出一个实际问题情景，地板与学生生活联系比较紧密，学生更有代入感，先从特殊的等腰直角三角形入手，体现“教—学—评”一致性的“情景化”的实施原则。便于学生观察思考，等腰直角三角形三边关系与三边所对应的正方形的面积关系。

续表

教学环节	教师活动	学生活动	评价方法与设计意图
	【评价】学生 1 的想法很好，他准确地利用分割的方法，把正方形 C 切割成可以直接计算的几个图形，将正方形 C 的面积给算出来了，思路清晰，还有没有同学有其他想法？ 【评价】学生 2 向我们展示了另一种思路，点出了除了“割”也可以进行“补”的方法，同样将求正方形 C 面积的问题转化为求几个可以直接计算的图形的面积，很好地解决了问题。 【追问 2】正方形 A，B，C 所围成的直角三角形三条边之间有怎样的特殊关系？ 【评价】学生 3 算得很快，他发现了对普通的直角三角形和等腰直角三角形一样都有一样的规律。 【引导猜想】直角三角形的三边长分别是 a，b，c，猜想：两直角边 a，b 与斜边 c 之间的关系？ 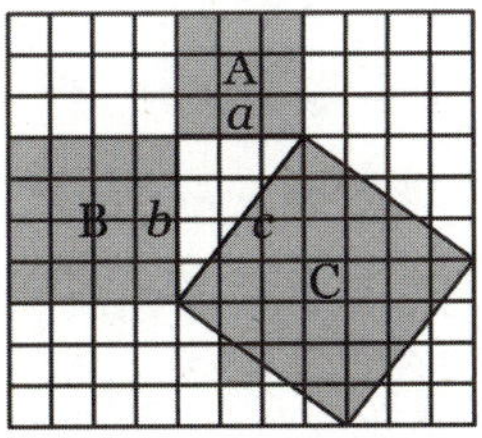 【评价】学生 4 简洁地表达我们刚刚的猜想的关系，现在有了这个猜想，接下来让我们来证明一下我们的猜想是否准确。	【学生 2 回答】正方形 A，B，C 的面积可以直接利用网格长度来计算。 【学生 3 回答】因为正方形的面积是边长的平方，所以有两直角边的平方的和等于斜边的平方。 【学生 4 回答】$a^2+b^2=c^2$。	【评价方法】在学生的最近发展区进行追问，针对性地点评，注重评价的“生本性”。 【设计意图】从特殊的等腰直角三角形到一般的直角三角形，层层递进，促进学生思考发现对一般的直角三角形，两直角边的平方的和等于斜边的平方，并通过符号表示的形式让学生将文字语言转化为符号的形式。

课时目标2：经历“观察—猜想—归纳—验证”的过程探究勾股定理，提升用数学的语言表达世界和逻辑推理的能力，体会数形结合的数学思想以及从特殊到一般的证明思想。

教学环节	教师活动	学生活动	评价方法与设计意图
【学习活动2】证明勾股定理。 【学习目标2】在探究证明过程中，归纳得出直角三角形的三边关系，得到勾股定理并推导其变式。 【评价任务2】观察“赵爽弦图”，按小组分工分别计算图形的面积，在教师引导下通过小组讨论得到勾股定理并推导其变式。	【猜想证明】回到我们之前的“赵爽弦图”。赵爽根据下图指出：四个全等的直角三角形可以围成一个大正方形，中间的部分是一个小正方形，直角三角形的三边用 a，b，c 表示，请同学们分别用两种方法来算一算大正方形的面积，小组内交流，看看你有什么发现。 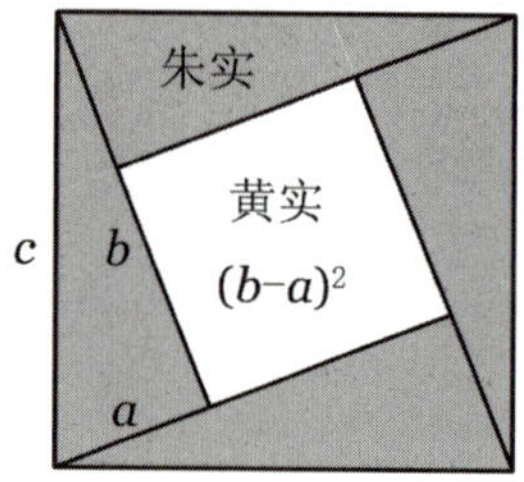 【引导归纳】我们发现：四个全等的直角三角形和中间部分的小正方形面积和为 a^2+b^2，大正方形的面积用面积公式可以得到为 c^2。我们可以发现直角三角形的三边满足怎么样的关系，可否用我们的数学语言以命题的形式表示一下。 【追问3】这里的 a，b，c 都有什么含义呢？ 教师根据学生的语言进行评价补充，整理得到： 命题1：如果直角三角形的两条直角边分别为 a，b，斜边长为 c，那么有 $a^2+b^2=c^2$。	【小组探究】小组成员直接计算大正方形面积，并通过计算小正方形和4个全等直角三角形的面积来计算大正方形面积，通过计算化简得到：$c^2=a^2+b^2$。 【学生5回答】$c^2=a^2+b^2$。 【思考】根据教师的提示以自己的语言表述，不断完善补充。 【记录整理】跟随老师经历勾股定理的归纳，记录勾股定理内容。	【评价方法】小组进行探究，教师观察各小组的学生的探究情况，适时给予指导点评。 【设计意图】让同学通过自己的实际计算证明自己初步猜想的勾股定理，加深学生对勾股定理的理解和认识。 【评价方法】学生归纳补充完善勾股定理，教师引导学生进行归纳。 【设计意图】让学生能用数学的语言来表达勾股定理，锻炼学生的语言表达能力，从命题到定理，让学生意识到定理的内涵，让学生认识到数学的严谨性。

续表

教学环节	教师活动	学生活动	评价方法与设计意图
	【定理展示】经过证明被确认正确的命题叫做定理。我们已经利用“赵爽弦图”对命题 1 进行了证明，那样就得到我们之前所讲的勾股定理。 【板书】板书勾股定理内容。 【补充】勾股定理存在几种变式，利用我们之前学习的知识，是不是能用平方根的形式表示，用其他两条边来表示其中一条边，大家自己试着表示一下。 【评价】学生 6 的思维很敏锐，我们可以通过这个方法来计算直角三角形的边长。 $c=\sqrt{a^2+b^2}$， $a=\sqrt{c^2-b^2}$， $b=\sqrt{c^2-a^2}$。	【学生 6 回答】利用所学的开平方的知识将 a，b，c 分别用其他边表示出来。	

课时目标 3：了解勾股定理证明的历史，增强对数学的兴趣，感受数学之美。

教学环节	教师活动	学生活动	评价方法与设计意图
【学习活动 3】历史上的勾股定理。 【学习目标 3】通过对勾股定理的多种证明方法的学习，加深对勾股定理的理解，直	【展示讲解】教师进一步介绍历史上其他的一些勾股定理的证明。 刘徽“青朱出入图” 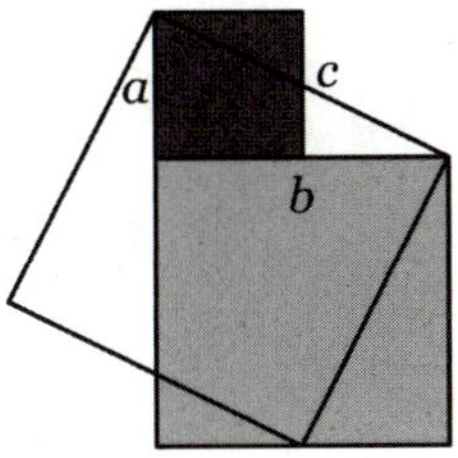	【观察、思考】观察其他勾股定理证明方法，感受古人的智慧，欣赏数学之美，讲讲自己的想法。	【评价方法】教师展示勾股定理的几种证明方法，学生思考表达。 【设计意图】感受几种证明方法蕴含的数学思想，在师生交流的过程中，达到“教—学”一致性，促进学生思维

续表

教学环节	教师活动	学生活动	评价方法与设计意图
观感受数学的文化魅力。 【评价任务3】了解数学史上关于勾股定理的多种证明方法，从勾股定理的证明过程中感受古人的智慧和数学文化的源远流长。	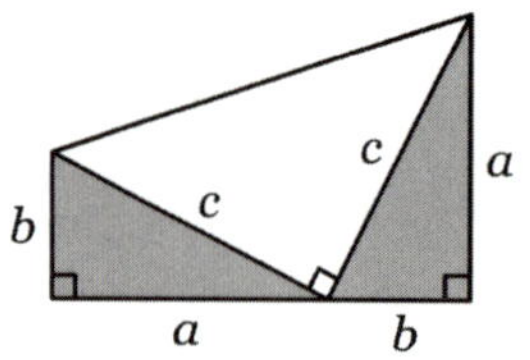 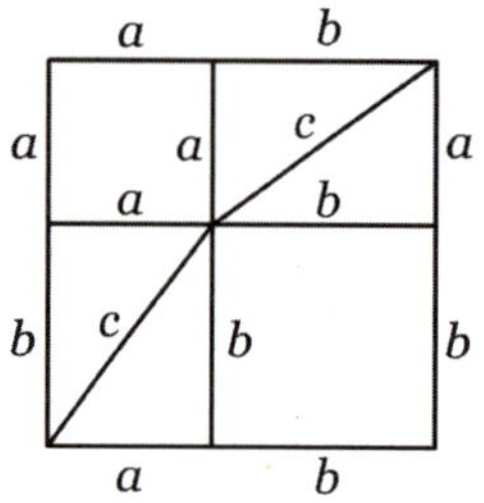 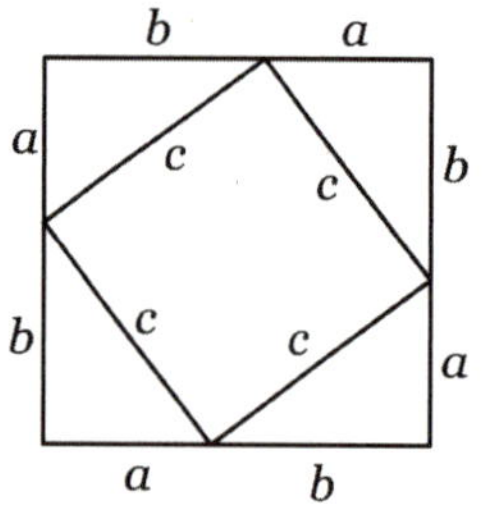		发展，让学生认识数学的文化的魅力，同时通过这些图形感受数学图形的美。

课时目标4：深入理解勾股定理的含义，能够运用勾股定理计算三角形的边长。

教学环节	教师活动	学生活动	评价方法与设计意图
【学习活动4】深化认识勾股定理。 【学习目标4】能够理解勾股定理的条件及其数学语言所表示的含义，解决一些勾股定理的相关问题。	【定理辨析】 (1) 如果三角形的三边长分别为 a，b，c，那么 $a^2+b^2=c^2$。(　　) (2) 如果直角三角形的三边长分别为 a，b，c，那么就有 $a^2+b^2=c^2$。(　　) 【注意事项】 (1) 注意勾股定理的使用条件：只对直角三角形适用，其他的不适用；	【学生7回答】学生回答两道判断题，并说明理由。 【思考、记录】学生意识到勾股定理只适用于直角三角形，且要注意直角边和斜边，并做好记录笔记。	【评价方法】学生完成教师提出的辨析题，教师根据学生回答检验学生对勾股定理的理解。 【设计意图】在辨析过程中加深学生对勾股定理的理解，让学生明白在什么情况下，可以运用勾股定理解决问题。

续表

教学环节	教师活动	学生活动	评价方法与设计意图
【评价任务 4】通过辨析题加深对勾股定理的成立条件的理解，参与课堂问题解答，独立解决相关的数学问题，互评过程中，对同组同学给出公正的评价。	(2) 注意分清斜边和直角边，避免盲目代入公式导致出错。 【例题】求下列直角三角形中未知边的长度。 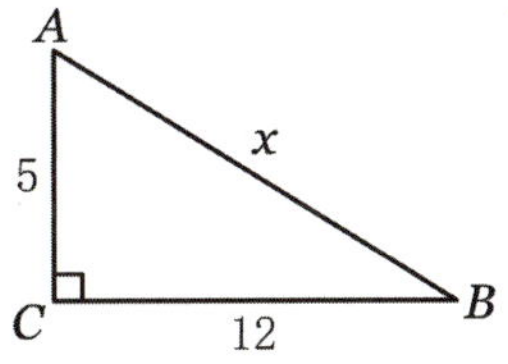 【练习】求下列直角三角形中未知边的长度。 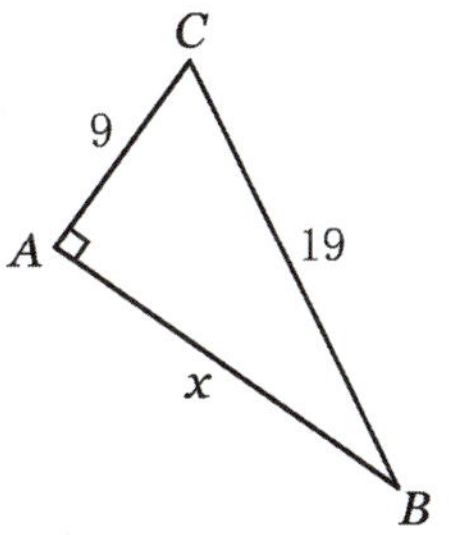 例题教师板演解题规范，习题让学生动手锻炼，教师课堂巡查学生答题情况。 【课堂练习】基础题： 1. 如图，直线 l 上有三个正方形 A，B，C，若正方形 A，C 的面积分别为 3 和 4，则正方形 B 的面积为（　　）。 A. 3　B. 4　C. 5　D. 7 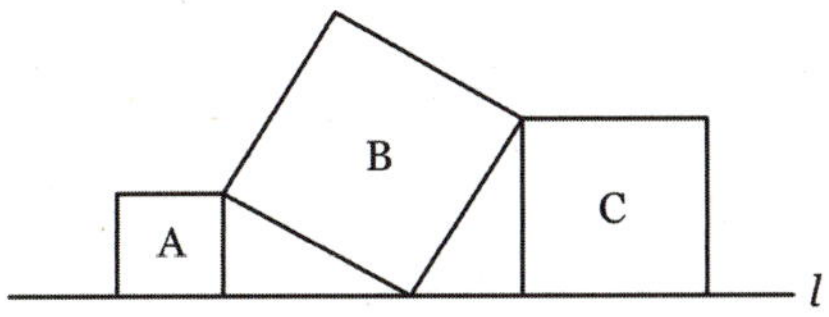 2. 有两边长分别为 3 cm，4 cm 的直角三角形，则其第三边长为________cm。	【随堂演练】学生跟随教师进行勾股定理求解，了解解题的规范，并动手练习一道题。 【练习】学生根据自身能力完成相应习题，其中基础题必做，提高题选做，先做完的同学给教师批改，然后再帮助教师进行组内批改评价，并对组员和自己进行评价，课后提交课堂练习本。	【评价方法】教师示范解题，学生模仿练习，教师检查学生的解题过程，及时给出诊断评价。 【设计意图】训练学生的解题过程的规范性，体现“教—学—评”一致性的“教评结合”，规范学生的学习态度。 【评价方法】学生根据自身情况分层练习，学生和教师一起参与到评价过程中，照顾到所有层次的学生，教师和学生通力合作完成教学评价。 【设计意图】使得尽可能多的学生参与进来，让学生更有参与感，同时培养集体意识，做到“教—学—评”一致性。

续表

教学环节	教师活动	学生活动	评价方法与设计意图
	提高题： 3. 如图，所有的三角形都是直角三角形，四边形都是正方形。已知正方形A，B，C，D的面积分别是12，16，9，12，求最大正方形E的面积。 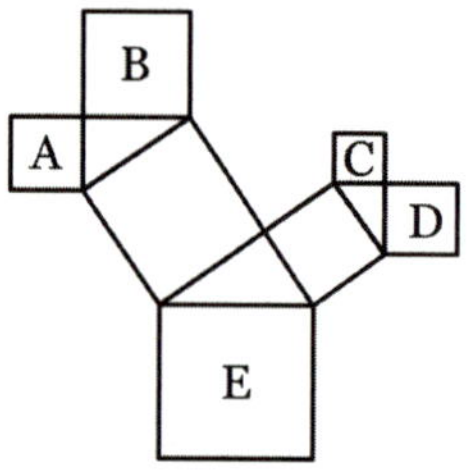 【评价】练习过程中教师注意课堂巡查学生的答题情况，及时对完成的同学进行批改指正，给予必要的点拨提醒。		
课时小结	【提问】本节课我们学习哪些内容？你有什么收获？还有哪些不理解的地方？展开小组内的交流讨论。 【评价】教师走到小组中听取学生的讨论，并给出针对性评价。	【讨论】小组内进行交流，互相给予帮助。 【总结】记录下自己的收获和需要改进的方面，课后提交教师。	【评价方法】教师引导，学生小组讨论，教师通过听取小组的讨论，发现学生的困惑，及时点拨。 【设计意图】为下个课时勾股定理的应用教学做好准备，也让学生更好地改进学习，体现“教—学—评”一致性的思想。

作业布置

基础作业：校本练习。

提高作业：1. 绘制“勾股定理”单元树，将本节内容加到“枝干”中。

2. 对课堂上提到的其他几种勾股定理证明方法你有什么思路想法？还有哪些可以方法证明勾股定理？（选做）

六、课后评价与反思优化

为了有效地进行学生的课后评价，确保学生能够及时获得作业反馈，并且满足不同层次学生的需求，特别是学困生，我们需要做好以下准备工作。

1. 及时掌握学生的学习状况

教师可以通过与学生的交流来实现，例如：在“探究勾股定理”的课堂教学结束后，利用课间时间与各小组的组长进行沟通，了解小组成员在课堂上的学习表现。同时，通过检查学生评价任务的完成情况，例如：在“勾股定理应用”的课堂教学结束后，收集学生的课堂练习本，观察他们的解题过程和互评结果，从而了解学生的学习成果和遇到的难题。

2. 认真批改课后作业并提供评价

教师在批改课后作业时，应给出详细的评价，明确指出学生的不足之处及相应的解决策略。对基础作业，根据相关知识点的习题正确与否，注重学生对知识点的理解，并提供针对性的评价；对提高作业，则更多地关注学生思维能力的发展，鼓励学生积极思考和探索，以更精准地帮助更多学生。

3. 建立学习小组以实现互助学习

学习小组应包含不同层次的学生，教师可采用优秀生辅导学困生的方式，让优秀生在课堂内外引导和帮助学困生。鼓励学困生每天向优秀生提出一个关于“勾股定理”的问题，这样不仅能让优秀生进一步巩固和强化知识，锻炼数学语言表达能力，也能让学困生及时获得所需的帮助。

4. 绘制单元知识树

在每个课时结束后，教师应指导学生将所学知识融入单元知识树中。在本单元教学结束时，完成整个单元的知识树。课后应及时检查学生绘制的知识树，以评估他们对本单元知识点的掌握情况。同时，单元知识树也有助于学生复习本单元所学内容。

5. 记录并反馈学生的提问与回答

教师通过记录学生在课堂内外的提问和回答情况，对提问频繁的学生，采取全班表扬、奖励文具等激励措施，以鼓励更多的学生参与课堂和课后的提问环节，确保课堂氛围活跃，并提高学生学习数学的积极性。

第6章 “教—学—评”一致性的未来展望

在教育改革的浪潮中，初中数学“教—学—评”一致性的重要性愈发凸显。随着科技的飞速发展，人工智能（AI）时代的到来为“教—学—评”一致性带来了新的机遇与挑战，促使我们踏入一个充满创新与变革的教育新境界。

在这一章节中，我们将聚焦于技术赋能下的“教—学—评”一致性发展。北京师范大学未来教育高精尖创新中心智慧学伴平台（以下简称“智慧学伴”）的实践案例，生动展现大数据和人工智能如何助力“教—学—评”一致性的精准决策。借助对学生学习数据的深度挖掘与分析，教师能够精准把握学生的学习状况，从而实现教、学、评的高度一致性。

同时，我们也将关注理念深化和实践优化对“教—学—评”一致性的影响。核心素养的培养、跨学科素养的融合以及全球视野下的数学素养培养，都将为“教—学—评”一致性注入新的活力。教师专业发展共同体的构建、家校社协同育人的深化以及动态调整与持续改进机制的完善，将为“教—学—评”一致性的实践提供有力支持。

本章揭示初中数学“教—学—评”一致性的未来发展方向，为教育事业的改革与发展贡献智慧和力量。

第1节 技术赋能：“教—学—评”一致性的智能化发展

随着科技的飞速发展，智能化技术为教育领域带来了前所未有的机遇。在初中数学“教—学—评”一致性方面，技术的赋能将推动教学模式的创新与变革。本节将探讨智能教学系统、虚拟现实（VR）与增强现实（AR）技术以及大数据与人工智能如何助力“教—学—评”一致性的精准决策，为初中数学教学的未来发展提供新的思路和方向。

一、智能教学系统与“教—学—评”一致性的深度融合

“智慧学伴”作为智能教学系统的代表，在大数据和人工智能的双轮驱动下，为

“教—学—评”一致性的精准决策提供了强有力的支持。“智慧学伴”系统不仅全面收集学生在学习过程中的各类数据，如课堂互动参与度、作业完成情况、测试成绩波动等，还借助人工智能算法对这些海量数据进行深度挖掘与分析。通过对学生学习行为的智能分析，精准地为每个学生绘制出详细的学习画像。这些画像清晰地呈现出学生在不同数学知识板块的学习进度、优势劣势以及潜在的学习困难点。

教师依据这些精准的数据反馈，能够及时调整教学策略。例如，当数据表明某部分学生在函数概念理解上存在困难时，教师可以针对性地设计更具启发性的教学活动，补充个性化的学习资源，帮助学生突破难点。同时，在评价环节，“智慧学伴”系统根据学生的学习轨迹自动生成多元化的评价报告。这些报告不仅涵盖知识掌握程度，还涉及学生的数学思维发展水平、学习态度和合作能力等多个维度，为“教—学—评”一致性提供了全面、精准且实时的决策依据，有力地推动了初中数学教学向智能化、个性化方向发展，使“教—学—评”一致性在智能技术的赋能下焕发出新的活力，为学生的数学学习提供了更精准、更有效的支持，助力学生在数学学习的道路上稳步前行。

二、VR 技术在“教—学—评”一致性中的创新应用

未来在推动“教—学—评”一致性智能化发展的进程中，将融合 VR 与 AR 技术，为学生创造了全新的数学学习体验。在几何教学中，可利用 VR 技术构建三维立体几何模型，学生仿佛置身于一个虚拟的几何空间，可以直观地观察几何体的形状、结构和性质。这种沉浸式的学习体验，让学生对抽象的几何概念有了更深刻的理解，从而提高了学习效果。同时，AR 技术也被应用于数学教学中，将虚拟的数学元素与现实场景相结合。例如，在“函数图象”的教学中，通过 AR 技术，学生可以在现实场景中看到函数图象的变化，直观地理解函数的性质和规律。这种创新的教学方式，不仅激发了学生的学习兴趣，还为“教—学—评”一致性提供了新的技术支持。“智慧学伴”系统还可以记录学生在 VR 和 AR 环境中的学习行为和表现，结合人工智能分析，为教师提供详细的数据反馈，帮助教师更好地了解学生的学习情况，从而实现“教—学—评”一致性的精准决策。

三、大数据与人工智能助力“教—学—评”一致性的精准决策

“智慧学伴”在大数据和人工智能的助力下，为“教—学—评”一致性的精准决策提供了强大的支持。“智慧学伴”系统通过收集学生在学习过程中的各类数据，如课堂

表现、作业完成情况、考试成绩等，构建了全面的学生学习数据库。借助人工智能算法，“智慧学伴”系统能够对这些数据进行深度挖掘和分析，精准地把握每个学生的学习进度、知识掌握情况和学习困难点。例如，“智慧学伴”系统可以分析出学生在某个知识点上的错误率，以及在不同题型上的表现，从而为教师提供有针对性的教学建议。同时，“智慧学伴”还可以根据学生的学习数据，预测学生的学习发展趋势，帮助教师提前调整教学策略。在评价方面，“智慧学伴”系统可以根据学生的学习数据，生成个性化的评价报告，为“教—学—评”一致性提供了有力支持。以下提供一个“余角和补角”（第 1 课时）教学设计——基于“智慧学伴”的初中数学“教—学—评”一致性供读者参考。

【案例七】“余角和补角”（第 1 课时）教学设计
——基于“智慧学伴”的初中数学“教—学—评”一致性

“智慧学伴”是为家长与学生手机用户端开发设计的一款学习程序应用平台，它可以连接 IES 云端补救学习平台，串联课前预习、课中学习以及课后补救等各个环节。在这个应用程序支持下的课堂教学，教师可以根据学生的即时表现对学生进行精准教学，使得“教—学—评”一致性由理想变成了现实。教师可基于“智慧学伴”学习平台搭建数据与“3×3 学科能力框架”，尝试开展初中数学“教—学—评”一致性研究。下面以“余角和补角”（第 1 课时）的教学为例，对这一理念指引下的教学设计与实施过程进行说明与剖析。

一、关于初中数学“教—学—评”一致性与“3×3 数学学科能力框架”的概念说明

“教—学—评”一致性指的是在教学设计中评价先行，即在课堂教学之前，根据教学内容，教师首先通过“智慧学伴”学习平台布置前测；当学生在移动终端完成前测后，平台自行完成前测批改，形成评价报告；根据报告，教师可以了解确定学生目前所处的学习状态以及与学习目标存在的差距，从而帮助学生更好地完成课前准备工作，给教师的教学准备工作提供更加精准的数据支持。初中数学“教—学—评”一致性的核心在于关注和促进学生的数学学习，强调的是师生为确认学生或自身现在到底学到什么程度、目标应该在哪里，以及怎样才能更好地到达目标而收集和解释证据的过程。

为了更好地评价学生目前的学科能力，教师可以借助“3×3 学科能力框架”。该框架将数学学科能力分为学习理解、实践应用、创新迁移三个水平，每个水平再细分为三个要素，其具体能力要素内涵界定如表 1 所示。

表 1　3×3 数学学科能力框架

能力层级		内涵界定
A 学习理解	A1 识别与回忆	从记忆中直接提取知识。能辨认给定数学对象；能回忆数学概念、法则、命题等的定义或含义。
	A2 计算与操作	简单的计算和操作技能。能进行计算并解决问题；能进行简单的作图、测量、折叠等；能对数据进行简单整理与描述。
	A3 解释与交流	利用数学对象对具体情境中的现象进行解释。能举例说明概念、命题、算式、图表或图形中的数量关系、图形性质和变化规律；能与他人交流各自解决问题的算法和过程；能表达自己的想法。
B 实践应用	B1 分析与概括	能从具体数学问题情境中分析应采用的相关知识，能从记忆中提取知识的同时进行概括和整理。
	B2 推理与论证	能通过归纳、类比等推断结果；能用演绎的方法，进行证明。
	B3 简单问题解决	能用单一知识点解决数与代数、几何与图形，概率与统计中的简单实际问题。
C 创造迁移	C1 综合应用	能解决由多个“知识点”构成的综合性的纯数学的问题。
	C2 猜想与发现	能在新的情境下猜想探究出新知识，提出新的问题；能发现数学的模式或规则。
	C3 探究与建模	能用所学的新知识探究解决新问题的方法；能从复杂情境中抽象出数学问题；能利用数学符号建立方程、不等式、函数等数学模型，解决实际问题。

二、“智慧学伴”平台下初中数学“教—学—评”一致性的目标定位

优秀的教学设计离不开完备的顶层目标设计，“智慧学伴”平台下初中数学“教—学—评”一致性也需要立足课程标准与教材，定位单元与课时的学习目标。

1. 单元学习目标的定位

以教学单元为单位，以知识背后的数学思想方法为主线，依据各节知识的特点整体规划过程性目标，可避免目前课堂教学中出现“重结果轻过程”现象的发生，同时也避免目标设计中出现“只见树木，不见森林”的问题。在《义务教育数学课程标准（2011 版）》中明确指出，学生需要“在研究图形性质和运动、确定物体位置等过程中，进一步发展空间观念；经历借助图形思考问题的过程，初步建立几何直观。”而“几何图形初步”这章是学生在初中阶段初次接触几何，是实验几何逐渐向证明几何的过渡。因此教师有必要从学生几何学习的起始阶段，就帮助学生逐步认识几何的分析方法，培养学生的几何直观能力。

同时，在"智慧学伴"平台的帮助下，学生可以在教师的指导下通过观看微课完成学习。微课具有高效、生动的特点，教师可以通过动画，让学生直观地认识到几何图形是如何变化与运动的，这将起到常规课堂难以实现的效果。同时，使用微课可以减少教师在黑板上画图、抄写板书的时间，为师生课堂上的交流互动提供更多的时间保障。因此，在本单元教学中，教师可以尽可能多地利用微课以完成教学任务。

2. 课时学习目标的定位

学生在此之前已经学习了角的概念，认识了直角、平角，掌握角度的运算及比较角的大小的方法，这为其认识余角、补角的概念及性质打下了坚实的基础；同时，本节课也为学生更好地学习"相交线与平行线"，证明角度之间的数量关系做好了铺垫，为培养和发展学生的逻辑思维能力、观察分析能力、演绎归纳能力打基础。

在具备以上知识后，学生开始去认识两个角之间的关系。先是两个角之间的一般关系：比较两个角的大小，计算两个角的和与差；再到认识两个角之间的特殊关系：角平分线（相等关系）与互余，互补（和为定值）；之后再过渡到分析三个角之间的关系（余/补角的性质）。由此开始，学生开始对几何图形之间的关系进行研究。以上过程，与学生对直线的认识过程（从直线，到平行/相交线，再到平行判定）和对三角形的认识过程（从三角形到全等/相似三角形）是非常类似的。这种对事物"从少到多""从一般到特殊"的认识过程，是符合人类对客观世界的认识规律的。

在完成以上的思考后，教师可将本节课的教学目标确定如下。

（1）知识与技能：在具体情境中理解余角与补角的概念，掌握余角与补角的性质，通过练习掌握其概念及性质，并能运用它们解决一些简单实际问题。

（2）过程与方法：经历探究余角（补角）性质的过程，在几何学习中发展学生的方程思想，培养学生对几何问题的分析方法与习惯。

（3）情感、态度与价值观：培养学生乐于探究、合作的习惯，体验探索成功，感受到成功的乐趣，进一步体会"数学就在我的身边"，增强学生用数学解决实际问题的意识。

三、"教—学—评"一致性评价标准的制订与前后测试工具的命制

1. 制订评价标准

在确定单元目标与课时目标后，下一个环节就是制订评价标准。评价需要标准，需要对学习目标有一个非常明确的表现性评价准则和评价标准，需要师生清楚达成什么样的表现才叫卓越，什么样的表现叫作优秀、什么叫合格、什么又叫不合格……并且这些准则或标准要在教学开始前就具体形成，这样才会给接下来的设计和教学

指明方向，真正地体现出评价的设计要先于教学设计和课堂教学，体现出目标导向的特点。

在制订评价标准的过程中，通过参考北京师范大学数学学科团队制订的“3×3 学科能力指标”，教师可制订如表 2 所示的本节课的双向细目表，并在该表的指导下开展前测/后测的命制过程，以便更加准确地发现学生目前的学科能力水平。

表 2　关于三级知识点“角”的能力指标双向细目表

学习表现指标代码	学习表现指标描述	水平等级
A1—3	能从图中观察出哪两个角互为余角、补角	合格
A2—2	利用定义，求已知角的余角、补角	良好
B2—1	能运用“同角的余角/补角相等”和“等量代换”进行简单推理	优秀
C1—1	能够解决关于角的综合数学问题	优秀
C3—1	能够在复杂情境中探究角的关系	卓越

2. 命制前后测试工具

在互联网时代中，借助“智慧学伴”平台的力量，教师在学生提交测试作答后可即时得到全班学生的评价报告，该报告可以作为教师实施教学、评价学生水平的重要依据。因此，测试工具务必具有较高的信度及效度。

在前测的命制过程中，由于学生还没有学习过余角、补角的相关知识，因此在前测中不能出现对余角、补角相关知识点的考查，而主要应该对余角、补角知识的“前概念”进行考查。“前概念”指的是学生在学习某一具体内容之前，提前拥有一些与该内容相关的“不成熟的知识”。“前概念”具有以下两个特点：①与正式知识相比，在大多数情况下，“不成熟的知识”一般是不正确的，而且可能会对正式知识的深入理解形成阻碍；②“不成熟的知识”也是整合新概念的基础。因此只有提前了解学生具有哪些前概念，才可能基于学生的特点开展有针对性的教学工作。因此在“余角和补角”的前测中，教师可主要对以下概念进行考查：角的概念，角的比较和运算，等式的性质。只有掌握这些概念后，学生才可以对余角、补角的知识进行学习。前测中的测试工具不需要有很强的区分性，考查一些应知必会的内容即可。本节课的前测及每道题对应的能力层级如图 1 所示。

前测——余角、补角

1. 已知，$\angle 1+\angle 2=90^\circ$，且 $\angle 1=30^\circ$，则 $\angle 2$ 是（　　）。A2

A. 30°　　B. 60°　　C. 90°　　D. 180°

2. 已知，$\angle\alpha+\angle\beta=180^\circ$，且 $\angle\beta=x^\circ$，$\angle 2$ 是（　　）度。A2

A. 90　　B. x

C. $90-x$　　D. $180-x$

3. 如图，点 A，O，B 在同一条直线上，且 $\angle AOC=\angle DOE=90^\circ$。

(1) 图中有直角______个。A1

A. 2　　B. 3　　C. 4　　D. 5

(2) 图中有角______个。B2

A. 4　　B. 8　　C. 9　　D. 10

(3) 若 $\angle 1=25^\circ$，则 $\angle 4$ 的度数是（　　）。A2

A. 25°　　B. 55°　　C. 65°　　D. 75°

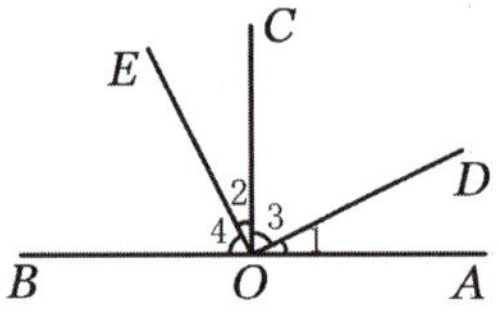

图 1

后测——余角、补角

1. 30° 的补角是（　　）。A2

A. 30°　　B. 60°　　C. 150°　　D. 70°

2. 已知 $\angle\beta=x^\circ$，则 $\angle\beta$ 的补角为（　　）。A2

A. 90°　　B. x°

C. $(90-x)^\circ$　　D. $(180-x)^\circ$

3. 已知 $\angle A=x^\circ$，那么 $\angle A$ 的补角为比 $\angle A$ 的余角大（　　）。B2

A. 90°　　B. x°

C. $(180-2x)^\circ$　　D. $(90+x)^\circ$

4. 如图，点 A，O，B 在同一条直线上，射线 OD 和射线 OE 分别平分 $\angle AOC$ 和 $\angle DOC$。

(1) 图中有______对互余的角。A1

A. 2　　B. 3　　C. 4　　D. 5

(2) 图中______对互补的角。B2

A. 3　　B. 4　　C. 5　　D. 6

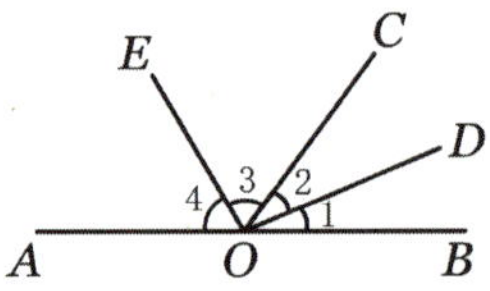

图 2

而在后测命制中，由于学生在本节课中已经对余角、补角及其性质进行过学习，因此后测主要考查学生对本节课内容的学习成果。在命题中，不但要考查学生的知识，还要考查学生的能力。在之前制订评价标准的过程中，我们已经确定了本节课的双向细目表（表 2），了解了相应能力指标的表现和水平划分，因此只需根据指标描述，命制相应的测试工具即可。关于本节课的后测及每道题所对应的能力层级如图 2 所示。

四、"教—学—评"一致性前测报告与教材的解读

1. 前测报告解读

当教师将前测内容上传"智慧学伴"平台并发布给全班学生，学生在移动终端完成前测并提交后，"智慧学伴"会为每位同学自动生成个性化的学科能力报告。根据微测产生的诊断报告，学生进行自我反思。前测中，每道题都会关联相应的资源，如果

学生在微测中出现错误，平台会根据其内部算法，为学生自动推送相应微资源，进行自我学习。学生通过观看推送的微资源，通过自我完善，查漏补缺，改善自己数学学习状态，为新知识的学习做好知识与能力上的准备。

对授课教师而言，根据班级中每位学生的微测诊断报告，平台会为授课教师形成一份班级学科能力诊断报告。报告中会详细给出每道题的得分率，出现错误同学的姓名，及全班总体学科能力等级等详细信息。教师可以通过学科指标体系，借助班级诊断报告，进行教学内容分析，设定符合自己班学情的教学目标、教学情境与活动任务，挑选符合班级学生学习需求的微资源在课堂进行播放。本节课的部分微测诊断报告（满分 5 分）如下图所示。

余角与补角前测的部分诊断报告

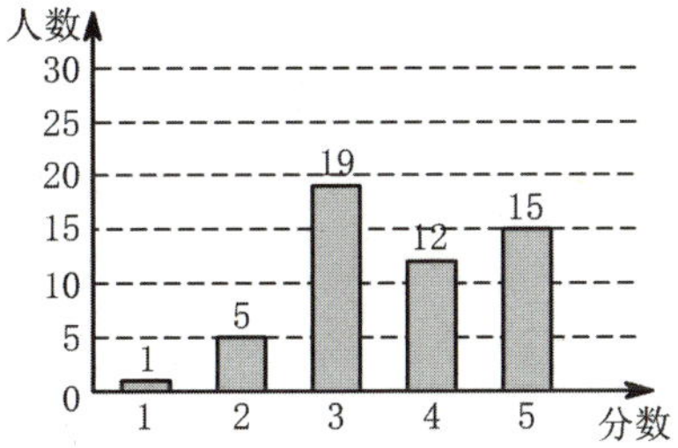

通过查阅微测报告，教师可以发现，学生错误率最高的问题是第 3 题中的（2）问，这说明学生不能很好地通过“排序”解决问题，因此应当重视培养学生“有序思考”的能力；而其余问题的正确率均在 90%以上。通过参照“3×3 学科能力框架”，教师可以判定，班级学生在“学习理解”层级上表现优秀，本节课的重点在于培养学生的“实践应用”能力，并逐渐发展学生的“创新迁移”能力，因此本节课的教学活动应该围绕培养学生的“实践应用”能力展开。

2. 教材解读

本节教学内容可以分成两个环节。第一个环节是关于“余角与补角”概念的介绍，根据学科能力框架，这是属于“学习理解”层面的内容，说明此处的学习重点是让学生明晰相关概念及其之间的联系。第二个环节则包括通过思考，让学生理解余角/补角的性质，属于“应用实践”层面的内容，说明此处的重点是通过说理，让学生理解性质定理的产生过程。值得一提的是，从补角到余角，还需要向学生强调“类比”的思维方法，鼓励学生通过模仿说明补角性质定理的过程，说明自己是如何发现余角的性质定理的。

五、“教—学—评”一致性设计的完善与实施

本节教材中的内容多数处于“学习理解”与“应用实践”层面。根据前测报告，为了更好地落实学生的“应用实践”能力，逐步培养学生“创新迁移”能力，教师可依据教材，对教学内容进行适度扩充。

为了逐步发展学生的高层次思维，教师可在教学中设置以下问题。

1. 下图给出的各角中，哪些互为余角？哪些互为补角？

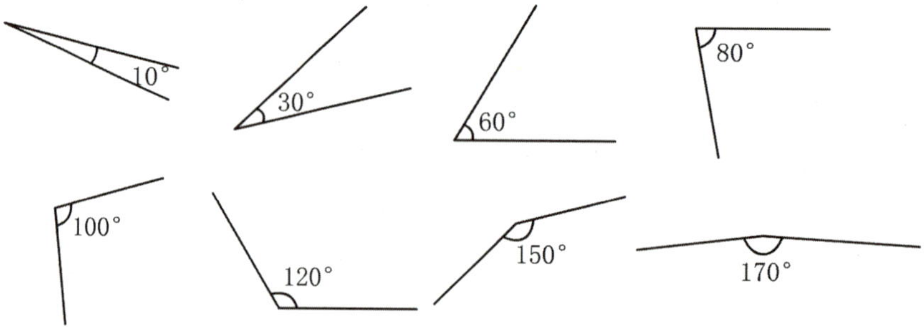

该问题选自教材中的练习，可以帮助学生明确：互余/互补仅表示两个角之间的数量关系，完全不涉及位置关系。

2. 一个角的补角比它的余角的2倍多30°，求这个角。

为了培养学生的"应用实践"能力，教师可设置该问题以培养学生的建模思想。

3. 如图，点 A，O，B 在同一条直线上，且 $\angle AOC=\angle DOE=90°$。

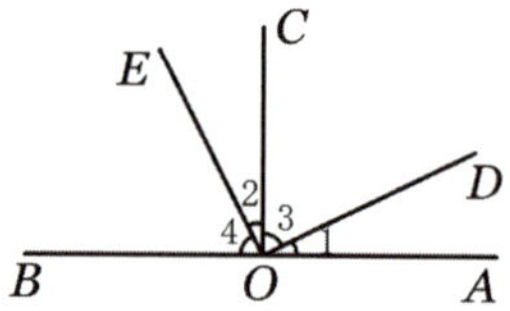

(1) 图中有______对相等的角。

A. 2　　B. 3　　C. 4　　D. 5

(2) 图中有______对互余的角。

A. 2　　B. 3　　C. 4　　D. 7

(3) 图中有______对互补的角。

A. 4　　B. 5　　C. 6　　D. 7

该问题虽然看起来不是很难，但对七年级的学生而言，要想准确地表述自己的推理过程，还是存在一定难度的。尤其对第(3)问而言，如果需要顺利解决该问题，学生需要经历几何到代数的转化、方程表示、合理排序等环节，对学生的能力提出了更高的要求。因此，教师可以借助该问题培养学生以上能力。

在设置完以上问题后，教师可登录"智慧学伴"平台，结合前测报告，为学生挑选了以下3节微课：余角和补角是什么，余角和补角之列方程，余角和补角的性质，供学生在课上学习。

这3节微课分别对应着以上设置的3个问题。教师可结合课堂时间，有选择地让学生观看微课。在学生观看后，教师可设置交流讨论环节，让学生通过相互讨论来加深自己对知识的认识，再利用上面设置的问题来评价学生的学习效果。由于篇幅所限，完整的教案就不在此呈现了。

六、结语

通过"3×3数学学科能力模型"，"智慧学伴"平台一方面实现了数学学科能力发展的可观测性，一方面则实现了学习过程诊断的即时性、客观性。在互联网时代，教师应通过更加科学的方式来了解学生，在信息技术的帮助下，通过课堂革命，更好地实现“以学生为中心”的教学理念，实现“教—学—评”一致性。

第 2 节 理念深化：“教—学—评”一致性的素养导向

在教育改革的深入推进下，核心素养的培养成为教学的重要目标。初中数学“教—学—评”一致性也需要紧跟这一理念，注重素养导向。本节将探讨核心素养的全面落地与深化、跨学科素养融合的探索与实践以及全球视野下的数学素养培养与交流，为“教—学—评”一致性的理念深化提供具体的路径和方法，引导学生在数学学习中实现全面发展。

一、核心素养的全面落地与深化

未来，初中数学“教—学—评”一致性将更加聚焦于核心素养的培养与评价。教师在教学过程中，将注重引导学生通过数学学习发展抽象思维、逻辑推理、数学建模、数据分析等核心素养。

评价方式也将紧密围绕核心素养的达成情况进行设计，从单一的知识技能考核转变为对学生数学素养综合表现的全面评估，确保“教—学—评”一致性始终指向学生的核心素养发展。

学校将加强对教师的培训与指导，帮助教师深入理解核心素养的内涵和要求，掌握基于核心素养的教学设计和评价方法，提高教师在“教—学—评”一致性中落实核心素养的能力。

二、跨学科素养融合的探索与实践

初中数学“教—学—评”一致性将逐渐拓展到跨学科素养的融合领域。数学作为一门基础学科，将与物理、化学、生物等其他学科以及信息技术、艺术等领域的知识和方法相互渗透，培养学生运用数学思维解决跨学科问题的能力。

在评价方面，将构建跨学科素养的评价指标体系，综合考量学生在跨学科情境中的数学应用能力、创新思维和合作能力等，推动“教—学—评”一致性的创新发展，满足未来社会对人才的多元化需求。

教师将加强跨学科合作与交流，共同设计跨学科的教学项目和评价任务，为学生提供丰富的跨学科学习机会，促进学生跨学科素养的协同发展，实现“教—学—评”一致性的跨学科拓展。

三、全球视野下的数学素养培养与交流

在全球化背景下，初中数学“教—学—评”一致性将注重培养学生的全球视野和国际理解力。通过引入国际数学课程标准和先进的数学教育理念，拓宽学生的数学知识面和思维方式。

同时，积极参与国际数学教育交流与合作项目，让学生了解不同国家和地区的数学文化与教育特色，培养学生的跨文化交流能力和全球竞争力。

学校将鼓励教师参与国际数学教育研讨会和培训活动，提升教师的国际视野和专业水平，为学生提供更具国际化的数学学习体验，推动“教—学—评”一致性的国际化发展。

第 3 节　实践优化：“教—学—评”一致性的持续改进

“教—学—评”一致性的实现离不开实践的不断优化。在初中数学教学中，教师专业发展共同体的构建、家校社协同育人的深化以及动态调整与持续改进机制的完善都是推动“教—学—评”一致性持续改进的重要举措。本节将结合实际案例，探讨这些实践优化措施如何为“教—学—评”一致性的实施提供有力支持，促进初中数学教学质量的不断提升。

一、教师专业发展共同体的构建与协作

为更好地实施“教—学—评”一致性，未来，教师将构建初中数学教师专业发展共同体。教师将在共同体中共同学习先进的教育理论和教学方法，分享“教—学—评”一致性的实践经验与案例，开展集体备课、教学观摩、课例研究等活动。

通过相互协作与交流，不断提升教师对“教—学—评”一致性的理解和实践能力。同时，共同体还将定期组织专家讲座、学术研讨等培训活动，为教师提供持续的专业成长支持，确保“教—学—评”一致性的有效实施。

学校将为教师专业发展共同体提供必要的资源和保障，鼓励教师积极参与共同体活动，营造良好的教师专业发展氛围，促进教师在“教—学—评”一致性实践中的共同成长。以下附录“教—学—评”一致性视角下教学课堂观察表和“教—学—评”一致性程度观察量表（以“二次函数的表达式”为例），供读者参考。

附件一：“教—学—评”一致性视角下教学课堂观察表

学校		教师		教师性别		教学内容	
教龄		年级		学生人数		教学效果	

观察维度	观察指标	总频次（情况）	平均频次（情况）	分析
对“教—学—评”一致性的理解	预设教学目标			
	预设学习目标			
	预设评价任务			
	“教、学、评”目标是否具有一致性			
对“教—学—评”一致性的策略选择	纸笔测验			
	课堂提问			
	问题讨论			
	课堂点评			
	课堂练习			
	学生自评			
	学生互评			
评价在教学中的呈现情况	语言评价反馈			
	板书评价反馈			
	评价结果与教师的教			
	评价结果与学生的学			

附件二：“教—学—评”一致性程度观察量表

课题：二次函数的表达式　　　　　　　　　　　　班级：

授课教师：　　　　　　授课日期：　　　　　　观课教师：

预设目标	预设评价任务	教师活动	学生活动	一致性程度	备注
目标 1：能够熟练写出二次函数表达式的三种形式	评价任务 1：默写检查。	引导学生回忆知识，强调细节。	完成学案表格，组内互查，默写。	A	完成效果好

续表

预设目标	预设评价任务	教师活动	学生活动	一致性程度	备注
目标 2：经历对二次函数的三种形式的分类训练的过程，总结出三类题型信息特点，提高观察、比较、分析、概括的逻辑思维能力。	评价任务 2：三类题型的分类训练题。 评价任务 3：小组讨论发现题目信息，总结分类。	教师巡视学生做题情况参与学生讨论，集体纠错帮助学生总结题型特点，点拨解题技巧。	独立完成题目，小组交流，总结展示修正改错。小组讨论总结分类特点。	B	生成情况处理不够仔细，达成度一般。
目标 3：能够灵活选择表达式的设法，简化运算，顺利求出二次函数的表达式。	评价任务 4：不同类型的求二次函数表达式练习。	引导学生灵活选择合适的方法。	学生独立解答学生发表自己看法，部分板演。	A	学生学习效果好，能够完成目标。

备注：(1) 预设目标与预设评价任务由授课教师填写，其他内容由观课教师填写。

(2) 一致性程度：高度一致为 A，一般一致为 B，不一致为 C。

二、家校社协同育人的深化与拓展

“教—学—评”一致性的实现离不开家庭、学校和社会的协同合作。学校将加强与家长的沟通与联系，通过家长会、家长学校、家校沟通平台等方式，向家长宣传“教—学—评”一致性的理念和要求，引导家长关注孩子的数学学习过程和素养发展，营造良好的家庭学习氛围。

此外，学校还将积极拓展社会教育资源，与科技馆、博物馆、企业等机构合作，开展数学实践活动和社会实践课程，让学生在真实的社会情境中运用数学知识解决问题，拓宽数学学习的途径和视野。

社会各界也将更加关注和支持初中数学教育，为学生提供更多的学习资源和实践机会，共同推动“教—学—评”一致性的持续改进与发展。

三、动态调整与持续改进机制的完善

初中数学“教—学—评”一致性将建立动态调整与持续改进机制。教师在教学过程中，将根据学生的学习反馈、教学效果评估以及教育政策的变化等因素，及时对教学目标、教学内容、教学方法和评价方式等进行调整与优化，确保“教—学—评”一致性始终适应学生的发展需求和教育改革的要求。

同时，学校也将定期对“教—学—评”一致性实施情况进行全面评估与总结，发现问题及时整改，不断完善“教—学—评”一致性的管理体系和运行机制。

教育行政部门也将加强对“教—学—评”一致性的指导与监督，建立科学合理的评价指标体系和质量监测机制，为“教—学—评”一致性的持续改进提供政策支持和保障，推动初中数学教学质量的稳步提升。

在 AI 时代的背景下，初中数学“教—学—评”一致性面临着前所未有的机遇和挑战。通过对技术赋能、理念深化和实践优化等方面的探讨，我们可以看到“教—学—评”一致性在未来教育中的重要性和发展方向。

技术赋能为“教—学—评”一致性带来了智能化的发展。智能教学系统、VR 技术与 AR 技术以及大数据与人工智能的结合，为“教—学—评”一致性的精准决策提供了有力支持。这些技术的应用将使教学更加个性化、精准化，帮助教师更好地了解学生的学习情况，实现“教—学—评”一致性。

理念深化是“教—学—评”一致性发展的核心。核心素养的培养、跨学科素养的融合以及全球视野下的数学素养培养，都为“教—学—评”一致性注入了新的活力。这些理念的深化将引导学生在数学学习中实现全面发展，提高学生的综合素养。

实践优化是“教—学—评”一致性发展的保障。教师专业发展共同体的构建、家校社协同育人的深化以及动态调整与持续改进机制的完善，都为“教—学—评”一致性的实施提供了有力支持。这些实践优化措施将促进初中数学教学质量的不断提升，为学生的成长和发展提供更好的教育服务。

总之，在 AI 时代，“教—学—评”一致性将发挥越来越重要的作用。通过技术赋能、理念深化和实践优化，我们可以更好地实现“教—学—评”一致性，为学生的未来发展奠定坚实的基础。未来，我们需要继续探索和创新，不断推动“教　学　评”一致性的发展，为教育事业的进步做出更大的贡献。

主要参考文献

[1] Piaget, J. (1970). *Science of education and the psychology of the child*. New York: Viking Press.

[2] Cohen, S. A. (1987). "Instructional Alignment: Searching for a Magic Bullet." *Educational Researcher*, 16 (8): 16—20.

[3] Carnoy, M. (2004). *Equity and Standards—Based Reform in American Education*. Stanford University Press.

[4] Darling—Hammond, L. (2006). "Standards and Assessments: The Role of Accountability in Reform." In *Handbook of Complementary Methods in Education Research* (pp. 321—334), Routledge.

[5] National Center on Education and the Economy. (2008). *Tough Choices or Tough Times: The Report of the New Commission on the Skills of the American Workforce*, National Center on Education and the Economy.

[6] Assessment Reform Group. (2001). *Assessment for Learning: Ten Principles*. London: Institute of Education, University of London.

[7] Condie, R., Livingston, K., & Seagraves, L. (2005). *The Assessment is for Learning Programmc. An Evaluation*. Edinburgh: Scottish Executive Education Department.

[8] Black, P., Harrison, C., Lee, C., Marshall, B., & Wiliam, D. (2003). *Assessment for Learning: Putting It into Practice*. Maidenhead: Open University Press.

[9] Chi, M. T. H. & Roscoe, R. D. (2002). The processes and challenges of conceptual change. In M. Limon and L. Mason (Ed.), Conceptual change reconsidered, issues in theory and practice (pp. 3—38). Dordrecht, NL: Kluwer Academic Publishers.

[10] 中华人民共和国教育部制定. 义务教育数学课程标准（2022年版）[M]. 北京：北京师范大学出版社，2022.

[11] 史宁中，曹一鸣主编. 义务教育数学课程标准（2022年版）解读 [M]. 北

京：北京师范大学出版社，2022.

[12] 崔允漷，夏雪梅. 教—学—评一致性：意义与含义 [J]. 中小学管理，2013 (01)：4—6.

[13] 崔允漷，雷浩. 教—学—评一致性三因素理论模型的建构 [J]. 华东师范大学学报（教育科学版），2015 (04)：15—22.

[14] 崔允漷，教—学—评一致性：深化课程教学改革之关键 [J]. 中国基础教育，2024 (01)：18—22.

[15] 雷浩. 基于核心素养的“教—学—评”一致性探讨 [J]. 课程·教材·教法，2023 (10)：42—49.

[16] 雷浩，周燕微，欧洋. 新课程背景下的教—学—评一致性及其实现路径 [J]. 人民教育，2023 (22)：64—67.

[17] 赵德成. “教—学—评”一致性何以可能 [J]. 课程·教材·教法，2024 (05)：55—63+79.

[18] 张德伟. 日本中小学教学与评价一体化原则及其对我国的启示 [J]. 外国教育研究，2005 (02)：29—33.

[19] 罗君，古恒洋. 基于“教—学—评”一致性的初中数学教学实践——以“中位数和众数”为例 [J]. 初中数学教与学，2024 (24)：17—20.

[20] 段有强，王静. 指向数学核心素养的“教—学—评一致性”的教学实践——以“反比例函数的图象和性质（第 1 课时）”为例 [J]. 数学教学通讯，2022 (32)：22—24.

[21] 赵钦良. 初中数学评学教一体化的三个基本问题 [J]. 教育评论，2023 (05)：153—155.

[22] 赵钦良. 探析初中“教—学—评”一体化教学模式 [J]. 新课程导学，2023 (16)：24—27.

[23] 赵钦良. 核心素养视角下初中数学评学教一体化的课例初探——以“变量与函数”教学为例 [J]. 中学理科园地，2023 (05)：19—21.

[24] 赵钦良，曹辰. 基于“智慧学伴”的初中数学“评学教一体化教学”[J]. 福建基础教育研究，2019 (08)：61—64.

后　记

《初中数学“教—学—评”一致性：从研究到实践》这本书的出版，凝聚了众多专家、学者以及同行的心血与智慧。在此，我怀着感恩之心，向每一位给予我支持与帮助的老师和朋友们致以最诚挚的谢意。

衷心感谢北京师范大学曹一鸣教授。曹教授在百忙之中抽出宝贵的时间为本书作序，这不仅是对本书内容的高度认可，更是对我的研究方向给予精准指引。他的序言如同一座灯塔，为本书增添了厚重的学术底蕴，让本书在学术的海洋中更具航向感。曹教授的学术造诣深厚，他的每一次点拨都如醍醐灌顶，让我在对“教—学—评”一致性的研究过程中少走了许多弯路。他的支持与鼓励，成为我不断前行的动力。

感谢《教育评论》的主编钟建林编审。钟主编在我撰写本书的过程中给予了全方位的指导与帮助。从课题的选题到研究思路的梳理，从文献资料的查阅到研究方法的选择，钟主编都倾注了大量的心血。他的专业素养与严谨态度，为我树立了榜样。在他的悉心指导下，本书的撰写过程得以顺利开展，许多棘手的问题也迎刃而解。

特别感谢福建教育学院的王钦敏教授。王教授对我主持的福建省教育厅课题《初中数学评学教一体化教学研究》进行了悉心指导。在课题研究的关键阶段，王教授多次与我深入交流，为我提供了宝贵的意见和建议。他的指导既有理论的高度，又有实践的深度，让我对“教—学—评”一致性有了更为深刻的理解。王教授的学术风范与人格魅力，让我深受感染，激励着我在教育研究的道路上不断探索。

感谢北京教育学院的曹辰博士。曹博士对本书中案例的精心指导，让我的研究更具实践价值。他从案例的选择、分析到呈现，都给予我细致入微的指导。在他的帮助下，书中的案例更加生动、更具说服力，从而更好地服务于教学实践。曹博士严谨的治学态度与扎实的专业知识，让我受益匪浅。

怀着无比崇敬的心情，感谢福州市第三中学原校长陈炜。陈校长生前对我的指引和鞭策，如同一盏明灯，照亮了我从一名普通教师成长为研究者的道路。他的教育理念与对学生的关爱，深深影响了我对教育事业的理解。虽然陈校长已经离我们而去，但他留下的精神财富将永远激励着我们继续前行。

感谢福建人民出版社的李建周编审。李编审为本书的出版付出了辛勤的努力和汗水。从选题策划到内容审核，从排版设计到校对印刷，每一个环节都凝聚着他的心血。

他的专业素养和敬业精神，确保了本书的高质量出版。

感谢广大读者对本书的关注与支持。你们的支持是我最大的动力，你们的反馈是我不断进步的源泉。本书的出版只是一个起点，我期待与每一位读者共同探讨、共同进步。如果你们有任何宝贵的意见和建议，欢迎随时与我联系，让我们共同为提高初中数学教学质量而努力！

再次感谢所有支持与帮助过我的老师和朋友们，是你们让这本书得以诞生，也让我的研究之路充满了希望与光明。

赵钦良

2025 年 7 月